KB271719

깨달음을 향한 불교예절

권 영 한 편저

전원문화사

머 리 말

　불교는 자신의 마음속에 숨어 있는 진여(眞如)를 발견하고 그것을 소중히 가꾸어 나가는 종교라고 할 수 있습니다.

　자기 안에 숨어 있는 소중한 것을 발견하고 그것을 잘 갈고 닦아 나갈 때 진정한 인생의 행복과 평화를 얻을 수 있는 것입니다. 그러기 위해서는 올바른 몸가짐과 끊임없는 수행이 필요합니다.

　그릇이 흔들리지 않고 바로 놓여 있으면 그 속에 담긴 물은 잔잔하고 흔들리지 않지만, 그 그릇이 흔들리거나 기울어지면 물은 쏟아지고 맙니다. 우리의 몸은 마음을 담는 그릇이고, 마음은 그릇 속에 담긴 물입니다. 그러므로 마음을 닦는 수행에는 항상 몸을 단정히 하는 수행이 먼저 따라야 합니다. 불교에서 계율과 예절을 중요시하는 까닭은 바로 이 때문입니다.

　불교 예절이나 전통 예절이나 근본 정신은 다를 바 없다고 해도, 실제로 사찰에서 지도하는 불교 예절은 우리들이 일반적으로 이해하고 있는 예절과 다른 점이 많습니다.

　그래서 많은 사람들이 절에 가서 당황하게 되며, 불자가 되려 해도 예절과 의식 절차를 몰라서 망설이는 경우가 많습니다.

　필자는 사찰의 벽화와 주련(柱聯), 그리고 여러 가지 자료를 모으려고 많은 절을 찾아다녔는데, 그때 불교 예절을 잘 모르는 사람들을 위해서 좀더 쉽고 자세하게 불교 예절에 관한 책을 써야겠다는 생각을 하게 되었습니다.

그리하여 조계종의 여러 스님들의 도움으로 책이 나오게 되었습니다. 시중에는 이 책 말고도 불교 예절에 관한 많은 책들이 나와 있으나 이 책은 다음과 같은 독특한 특색을 갖추고 있습니다.

1. 사찰을 찾아갈 때부터 참배를 마치고 돌아올 때까지 지켜야 할 예절이 순서대로 잘 기술되어 있습니다.
2. 불자가 가져야 하는 몸가짐과 합장, 큰절, 반배 등의 기본 예법을 사진과 그림을 곁들여서 상세히 설명하고 있습니다.
3. 올바른 자세와 동작을 쉽게 이해할 수 있도록 많은 사진을 수록하여 이해를 도왔습니다.
4. 기도와 법회 방법을 아주 이해하기 쉽게 설명하였습니다.
5. 법회에 참석하는 방법과 예절을 누구라도 쉽게 알 수 있도록 해설하였으며, 이때 부르는 노래와 염불도 설명하였습니다.
6. 불자가 아닌 관광객이 절을 찾을 때 지켜야 할 예절도 설명하여, 모든 사람의 참고가 되게 하였습니다.
7. 그 밖에 스님에 대한 예절, 경전에 대한 예절, 주차 예절 등 불자들이 당면하는 모든 면에 대해서 자세히 설명하였습니다.

끝으로 이 책의 출간으로 위해서 많은 조언을 해주시고 여러 가지 자료와 사진을 주신 명봉사 법화암 학림 스님과 내용 감수는 물론 교정까지 맡아 주신 가학산 약수암의 기성 스님께 깊은 감사를 드립니다. 그리고 여러 가지 편의와 사진 촬영의 기회를 허락해 주신 고운사 주지 스님과 봉정사 주지 스님께 깊은 감사를 드립니다.

불기 2540년 1월

청남 권 영 한 합장

· · ▼ · ·

차   례

제 1 장

불교 예절의 필요성

불교의 목적은 사람의 마음속에 숨어 있는 진여를 발견하고
그것을 잘 가꾸어 나가는 데 있다. 그러기 위해서는 우선 계
율과 예절을 소중히 받들어야 한다.

불교 예절을 말하기 전에 우리는 불교란 어떤 종교이며 왜 불교를 믿는가 하는 점과 불자가 가져야 하는 마음가짐에 대해서 잠깐 생각해 보는 것이 순서라고 생각한다.

1. 행복한 인생

불교의 목적은 여러 가지로 말할 수 있으나 한마디로 말해서 사람의 마음속에 숨어 있는 진여(眞如)를 발견하고, 그것을 잘 가꾸어 나가는 데 있다고 할 수 있다.

모든 사람은 행복한 삶을 얻기를 원한다.

인간의 행복이란 관점에 따라 여러 가지로 다르게 설명할 수 있겠으나, 결국 자기 자신이 갖는 '진실성'을 발견하고, 그것을 소중히 가꾸어 나가는 데 있다.

자신의 진실성을 소중히 가꾸어 나가는 삶을 살 때 비로소 사람은 인생의 보람을 느끼고 행복을 느낄 수 있는 것이다. 그러므로 인간의 행복이란 자기가 갖는 자신의 진실성을 찾아내어 그것을 잘 길러 나가는 것 이외에는 없다.

그러나 오늘의 사회는 자기의 양심을 속이고 오로지 탐욕을 일삼는 사람들로 들끓고 있다. 인간 존중, 생명의 존엄성을 강조하는 목소리가 날로 높아지고 있는데도, 다른 한편에서는 부실

공사로 인한 대형 사고의 빈발, 유독 농약을 쏟아 부어 만든 불량 식품 등이 판을 치고 있는 실정이다.

또한 조상들로부터 물려받은 소중한 전통 문화와 아름다운 자연들이 몇 사람의 돈벌이 때문에 무참히 파괴되고 있는 실정이다.

부처님을 바라보면 늘 마음이 편안하다.

이러한 사실들은 매일 신문과 TV 등에서 신랄하게 비판되고 있으나 전혀 개선되지 않고 있다.

이것은 현대의 문명이 감각적인 문명이기 때문이다. 감각을 중시하고, 감각적인 쾌락을 인생 최고의 목표라고 생각하는 인생관이 물질적인 이익만을 우선으로 하고, 물질만이 최고의 이상이라고 생각한 나머지 도리어 인간 자체를 경시하는 결과를 초래한 것이라고 본다.

이러한 인생관을 가진 사람은 물질적 감각적 만족은 얻을 수 있을지 몰라도 진실한 행복은 얻을 수 없다.

감각을 중시한다는 것은 인간을 물질화하는 것이며, 그 결과가 또한 인간 경시의 풍조를 초래하기 때문이다. 이러한 인간 경시 풍조 속에서는 진실한 행복을 찾을 수 없는 것은 물론이다.

인간의 진정한 행복이란 자기 자신의 내부에 잠재되어 있는 진실함과 신성함을 발견하고, 그것을 잘 키워 나가는 것이기 때문이다.

경제와 이익을 중시하는 입장에서는 아무리 인간 존중을 외쳐도 이윤, 즉 물질을 우선으로 생각하기 때문에 인간은 돈벌이 도구로 전락할 수밖에 없다. 따라서 인간 존중도 있을 수 없고 진실한 인생의 행복도 있을 수 없다.

감각적 관능의 기쁨은 아무리 많이 누려도 그 순간이 지나면 모두 소멸하고 없어지는 것이며, 축적되거나 지속되지 않는다.

그러므로 진정한 행복은 내 마음속에 숨어 있는 진여(眞如)를 발견하고 그것을 스스로 잘 가꾸어 나가는 데 있다. 불교는 바로 이것을 실천하는 종교이다.

2. 부처님의 발견

일상 생활에 존경하는 대상을 갖고 생활하는 것은 매우 바람직한 일이다. 위대하고 존경할 만한 어떤 사람을 마음에 간직하고, 늘 그 사람을 우러러보며 산다는 것은 자신의 생활

가장 존경할 분은 부처님이다.

을 더욱 값지게 승화시키는 데 커다란 도움이 된다.

그러한 모범이 될 만한 사람을 흠모하며 살면, 생활이 자신도 모르는 사이에 더 높은 경지로 올라가기 때문이다.

존경할 대상은 선생님이나 친구도 좋고 역사적 인물도 괜찮다. 석가모니처럼 최고 깨달음의 경지에 도달한 분도 귀의(歸依)할 대상이 필요하다고 말씀하였다.

석존은 깨달음을 이루었을 때, 홀로 조용히 앉아서 다음과 같은 생각을 하였다고 한다.

　'존경할 사람이 없다는 것은 매우 고통스러운 일이다. 그러나 나
　는 이 세상에서 나보다 더 위대한 사람을 찾을 수 없다. 그러므로
　나는 내가 깨달은 법에 귀의해서 살아가야겠다.'

귀의라는 것은 인간을 향상시키는 가장 소중한 마음가짐이다. 자기 자신보다 위대한 사람에게 귀의함으로써 마음이 자신이 귀의하려는 위대한 사람으로 채워지고 귀의하려는 사람과 닮아가는 것이다. 바로 거기에 기쁨이 있고 만족이 있고, 자연스러운 자기 자신의 향상이 있다.

자신 외부에서 존경의 대상을 찾는 경우에 불교에서는 부처님에게 귀의(歸依)하는 것이라고 할 수 있다.

귀의라는 말은 '경건한 마음을 갖는 것 또는 종교적 절대자나 종교적 진리를 깊이 믿고 그에 의지하는 것'을 뜻한다. 특히 불교에서 귀의라는 말은, 불타(佛陀)와 불법(佛法)과 승가(僧伽)에 의지하여 깊이 믿고 의지하고 가르침을 받는 일을 말한다.

이러한 귀의하는 마음이 확실히 정착되면 불성(佛性)을 알게 되고 보리심(菩提心)을 일으키게 되는 것이다.

만족과 행복은 나의 내면에 있다.

불교에서 믿는다는 것은, 마음을 정화(淨化)하는 작용, 즉 심청정(心淸淨)에 있다고 하였는데, 이것은 귀의에 의해서 귀의하는 대상에게 자연스럽게 접근해 나가는 것을 나타낸 것이다.

존경한다는 것은 매우 중요한 일이며, 존경하는 사람을 갖는다는 것은 행복한 일이다. 존경하는 사람을 지닌 사람의 마음은 항상 겸허하고 교만하지 않다. 그리고 그 사람은 일생 동안 한없는 이익과 복락을 얻게 되는 것이다.

그러나 현대와 같이 과학이 발달되고 높은 교육을 받은 사람들은 자기 자신에게 지나친 자신(自信)을 갖게 되어 귀의심을 일으키기가 옛날보다 더 어려워졌다.

서양식 과학 교육을 받은 사람들은 과학적이고 분석적인 사고 방식이 머리 속에 깊이 뿌리 박혀서 '왜, 어째서, 무엇 때문에?' 등의 의문을 연발하고, 그러한 것들을 자기가 납득하지 않은 한 무엇이든 수용하지 않으려고 한다. 그 때문에 종교에 깊은 관심을 가진 사람도 종교를 믿으려 해도 믿어지지 않는 고민

이 있는 것이다.

이것은 현대인의 이성이 극도로 발달하여 자신(自信)이 강해졌기 때문에 미지의 대상에 대해서 겸허한 마음을 일으킬 수 없기 때문이다.

그러나 그러한 사람들도 오랜 병으로 시달리다가 죽음이 가까워진다든가 어떤 기회에 자신의 무력함을 통감해서 신앙의 길에 들어서게 되었다는 이야기를 많이 듣고 있다. 현대인이 아무리 강해도 큰일을 당하면 역시 약한 인간의 숙명에서 벗어날 수 없다.

미래에 대해서, 죽음에 대해서, 인간은 어느 정도의 지식과 능력을 갖고 있는 것일까? 그리고 어느 정도의 대처 능력을 갖고 있는 것일까?

불교는 부처님께 귀의하고 불타를 예배하며, 불타를 늘 마음

한 송이 연꽃처럼 행복은 피어 오르리.

속에 가장 존경하는 존재로서 간직하고 불타에게 겸허한 마음을 바치는 것이다.

내 미숙한 능력과 아름아리를 모두 버리고 오직 불타에게 귀의하여 모든 불안에서 해방되고 완전한 마음의 평안을 얻을 수 있는 것이다.

3. 불교인의 마음가짐

사람이 살아가는 데는 어디서나 지켜야 할 마음가짐과 몸가짐이 요구된다.

귀의하는 데서 신앙심이 생긴다.

부모는 부모로서의 몸가짐과 마음가짐, 자식은 자식으로서의 몸가짐과 마음가짐, 그리고 직장인은 직장인으로서의 마땅한 몸가짐과 마음가짐이 각각 있다.

그렇지만 그 몸가짐이 흐트러지면 마음 자세도 흐트러지고, 마음 자세가 흐트러지면 올바른 일을 할 수 없다. 그러므로 공부하는 학생이든 직장에서 일하는 사람이든 정치하는 사람이든 모든 사람들은 각각 맞는 규범적인 몸가짐이 필요하고 또한 그러한 마음가짐을 가지라고 강조하는 것이다.

도를 닦는 것도 그와 같은 것이고 신앙도 마찬가지다.

불교인이 갖는 마음가짐과 몸가짐은 불교인이라면 누구라도 수행해야 하는 다음 세 가지 강령(綱領)에서 나오는 것이다.

불교를 믿는 목적은 부처님의 진리를 자기 안에서 깨달아, 그 진리를 잘 가꾸어 나가는 데 있다. 그렇게 함으로써 개인이 행복해지고 사회와 국가의 평화와 번영이 지속될 수 있다.

불법의 진리를 신앙하고 깨달아 가는 데는 다음의 세 가지 큰 강령이 있다.

첫째 : 계를 배우는 것(戒學)

둘째 : 정을 배우는 것(定學)

셋째 : 혜를 배우는 것(慧學)

이것을 삼학(三學)이라고 하는데 이 삼학을 잘 닦아야 불교 수행이 잘 이루어진다. 이 세 가지 수행의 상호 관계는 서로 독립된 것이 아니고 밀접한 연관성을 가지고 있다. 그래서 이른바 정과 계가 없는 혜는 마른 혜라고 하였으며, 정과 혜가 없는 계는 궁색한 절개라고 한다.

그러나 처음 삼학을 닦는 사람은 우선 계를 먼저 배우고 나서 정을 배우며, 마지막으로 혜를 배우는 것이 순서이다.

물 그릇이 단단해야 물이 새지 않고 흔들리지 아니하며, 물이 고요해야 밝은 달이 물에 잘 비춰진다는 비유와 같이, 단단한 그릇이 계의 그릇이요 조용한 물은 정의 물이며, 밝은 달은 지혜의 달로 비유되고 있다.

지혜의 달이 나타나려면 물이 맑고 고요해야 하며, 물이 맑고 고요하려면 그릇이 단단해서 물이 흔들리지 않아야 한다.

그러므로 불교 수행에서는 우선 계를 소중히 하고 몸과 말과 뜻을 잘 간직해야 하는 것이다. 그래서 승가대학에서도 승려가 되려는 젊은이들에게 초발심자경문(初發心自警文)이나 사미율의(沙彌律儀), 사미니율의(沙彌尼律儀) 등의 계학(戒學)를 우선 가르치고 있다.

우리가 지금부터 알아보려고 하는 모든 불교의 예절도 모두 이와 같은 율장(律藏) 속에 자세히 적혀 있는 것이다. 그 가운데 재가불자(在家佛者)들이 꼭 알아야 하는 부분만 간추려서 알아본다.

4. 다섯 가지 근본 계율

불교인이 꼭 지켜야 할 계율이라고 하면 누구나 우선 '살생하지 말라, 술 마시지 말라' 등 우리의 생활을 구속하는 것만 있다고 생각할지도 모른다.

계율이라고 하면 대개는 무엇 무엇을 하지 말라는 식으로 자연스러운 생활을 억제하거나 속박하는 것으로 받아들이기 쉽다. 그러나 계율은 속박하거나 무엇을 단순히 하지 말라는 것이 아니다. 오히려 그 반대일지 모른다.

사실은 속박된 생각을 버리고 자유스럽게 마음을 드러내고 내면의 아름다움을 드러내는 것이다. 그리하여 자유 해탈을 이루는 것이 계학(戒學)의 진정한 면목이다.

하지 말라는 금계가 아니고 적극적으로 선을 실천해서 아름답고 평화로운 자기 본연의 덕성을 발휘하라는 행동 강령이다.

그러므로 계학이란 자신이 타고난 본연의 덕성을 적극적으로 발휘하고 행동하고 실천하는 행동 강령이다.

재가 불자들이 지키는 기본적인 계는 다음의 다섯 가지가 있다. 이것을 오계(五戒)라고 하는데 무엇 무엇을 하지 말라는 것이 아니라 무엇 무엇을 더 잘하라는 적극적인 청정행(淸淨行)의 전개를 요구하고 있다.

- 산목숨을 죽이지 말라.
- 남의 물건을 훔치지 말라.
- 삿된 음행을 하지 말라.
- 망령된 말을 하지 말라.
- 술을 마시지 말라.

오계(五戒)는 무엇 무엇을 더 잘하라는 적극적인 청정행(淸淨行)의 전개를 요구하고 있다.

산목숨을 죽이지 말라는 말은 단순히 살생을 하지 말라는 금계(禁戒)가 아니라 산목숨을 더욱 사랑하라는 적극적인 행동 강령이다.

남의 물건을 훔치지 말라는 말은 남의 물건을 잘 지켜 주고 남의 인권을 존중하라는 적극적인 가르침이다.

삿된 음행을 하지 말라는 말은 부부는 더욱 서로 사랑하고 사랑을 더욱 두텁게 해서 행복한 가정을 잘 꾸려 나가라는 적극적인 가르침이다.

망령된 말을 하지 말라는 말은 거짓말이나 남을 아프게 하는 말을 하지 말고 착하고 좋은 말을 많이 하라는 뜻이다.

술을 마시지 말라는 말은 몸에 해로운 술을 마시지 말고 다른 맛있고 유익한 음식을 많이 먹으라는 가르침이다.

이와 같이 오계의 본질은 각자의 참된 심성을 수호하고 지켜 가며 그 참된 가치를 발휘하는 데 있다.

그렇게 하는 것이 인간이 진리 위에 서게 되고 사회를 평화롭고 번영되게 하는 것이며 역사를 밝게 하는 근원이 되는 것이다.

여중의 석조 삼존마애불

그러므로 모든 불자들은 오계의 정신을 바로 알고 실천함으로써 스스로 보리(菩提)를 이루고, 자신과 아름다운 사회를 잘 가꾸어 나가도록 힘써야 할 것이다. 그리고 불교 예절은 바로 이러한 정신을 바탕으로 이룩된 것임을 명심해야 한다.

5. 불자의 예절

인생을 보람있게 살아가면서 존경하는 대상을 갖는다는 것은 무척 유익한 일이다. 자신이 존경하는 대상에게 마음을 바치고 나름대로의 예절을 갖추어서 공경해야 하는 것은 당연하다.

그런데 불교 신도라면 누구나 존경의 대상은 부처님이고, 부처님을 포함한 삼보(三寶)일 것이다. 그러므로 삼보에 대한 예절을 잘 알고, 불교 교단이 정한 바른 예절대로 행하는 것은 불교 신도가 지켜야 할 의무이다.

우리 나라는 동방예의지국이라 하여 예로부터 예절바른 나라로 이름이 나 있다. 그러나 그러한 통속적인 예절들은 유교적인 것, 민속적인 토속 예절, 오랜 관습에서 온 예절, 근세에 도입된 서양식 예절 등이 혼합되어 불교 전통 예절과는 조금 다른 점이 있다.

그래서 불교 교단에서는 불자들이 지켜야 할 예절을 여러 가지로 자세히 알려 주고 있는데, 율장(律藏) 속에는 지켜야 할 계율뿐만 아니라 예절도 자세히 설명되고 있다.

재가 신도가 지켜야 할 삼귀의계(三歸依戒), 오계(五戒), 팔관재계(八關齋戒), 보살계(菩薩戒)와, 출가자가 지켜야 할 사미계(沙彌戒), 사미니계(沙彌尼戒), 식차마나니계(式叉摩那尼戒), 비구계(比丘戒), 비구니계(比丘尼戒), 보살계(菩薩戒) 등에 그러한 불자 예절이 잘 설명되어 있다.

그러한 율장(律藏) 속에서 재가 신도가 지켜야 할 것들을 발췌해서 불교 신도가 수행해 나가는데 꼭 알아야 할 부분들을 하나하나 정리해 보기로 한다.

6. 신행의 중심지인 사찰

가) 사찰의 기원

사찰은 부처님을 모시고 스님들이 거주하면서 불도를 닦고 불법을 수행하며, 불법을 전파하는 등 불교 수행의 중심이 되는 곳이다.

사찰은 부처님을 모시고 승려들이 거주하면서 불도를 닦고 불법을 수행하는 곳이다.

사찰은 비할 바 없이 고귀한 진리가 펴져 나가는 성스러운 곳이다.

사찰에는 불상과 탑, 그리고 덕 높으신 스님들이 계실 뿐만 아니라 역사적으로도 귀중한 많은 문화재를 간직하고 있는 성스러운 곳이다. 아울러 사찰은 참된 진리를 닦고 펴서 그것이 사회와 국가뿐만 아니라 나아가 모든 인류에게 실현되도록 노력하는 많은 사람들이 모인 곳이다.

그리고 비할 바 없이 고귀한 진리가 이곳을 중심으로 나타나고 펴져 나가는 성스러운 곳이다. 그래서 사찰은 불교 신자들이 지혜와 희망과 용기를 얻는 근원지이고, 사람의 마음과 마음을 함께 모으는 정성스러운 곳이기도 하다.

절을 가리키는 말에는 정사(精舍), 가람(伽藍), 아란야, 사찰(寺刹), 암자(庵子), 절 등 여러 가지 말이 있다. '정사'나 '가람', '아란야'라는 말은 모두 인도에서 유래된 말인데 전부 절을 가리키는 말이다.

석가모니불이 살아 계셨던 기원전 6세기경의 인도 승려들은 무소유(無所有)를 이상으로 삼았기 때문에 일정한 거주지와 소지품이 없었다. 그래서 그들은 독신 생활을 철저히 지키며 걸식으로 수도 생활을 이어갔다.

다른 종교의 수행자들과 마찬가지로 큰 나무 밑에서 좌선을 하기도 하고 동굴 속에 기거하면서 불법을 연구하고 전도하였다. 그러나 인도의 기후적 특성인 우기(雨期)가 되면 밖의 생활이 불가능해져서 외출보다는 한곳에 모여 정진하는 것이 꼭 필요하게 되었던 것이다.

뿐만 아니라 장마철에 외출한 수행자들이 질퍽한 땅 위로 기어 나온 벌레들을 본의 아니게 밟아 죽이는 경우가 많아 불살생

사찰은 자기 마음을 닦고 인격을 완성해서 우주와 인간의 근본 법칙을 깨우치는 수행의 도장이다.

26

(不殺生)의 계율을 어길 우려가 많았다. 그래서 석가모니불은 우기를 피하기 위해서, 또 비대해진 교단의 화합과 결속의 필요성 때문에 우기의 석 달 동안 바깥출입을 삼가는 것을 규율로 정하게 되었다.

이처럼 여름 석 달 동안 승려들이 한곳에 모여 공동 생활을 하는 것을 안거(安居)라고 하는데, 안거할 때 가장 필요한 것이 함께 기거할 커다란 집이다.

재산이 없는 승려들은 안거의 장소를 마련할 수 없었으므로 신도들의 시주에 의지해서 마련할 수밖에 없었다.

그리하여 재가 신도들은 부처님과 제자들이 한데 모여 안거할 수 있는 장소를 마련하게 되었는데 불교 역사상 최초로 등장한 집단 주거 장소가 죽림정사(竹林精寺)라는 절이다.

범어(梵語)	한역(漢譯)	내　　　　용
비하라 (vihara)	毘訶羅 (외가라) 精舍(정사)	지혜와 덕을 연마한 많은 승려들이 함께 살 수 있도록 온갖 시설을 완비한 영구적인 거주지로 큰 절, 즉 정사(精舍)라는 뜻이다.
차이트야 (caitya)	制底(제저) 支提(지제)	사방의 승려들이 모여서 머무는 객사(客舍)를 의미한다.
승가람 (samgharama)	僧伽藍 (승가람) 伽藍(가람)	많은 스님들이 즐겨 머무는 장소라는 뜻이며, 예배, 집회, 참회, 거주 등에 필요한 모든 시설과 건물을 갖추고 있는 곳을 말한다.
아란야 (aranya)	阿蘭若 (아란야)	번잡한 속세를 떠나 잡다한 소리가 들리지 않는 수행하기 좋은 장소, 즉 선방(禪房)이나 선원(禪院)을 뜻한다.

그 후 교단의 발달과 함께 많은 정사가 구름같이 생겨났는데, 당시 인도에서는 스님들이 사는 곳을 위의 표와 같이 구별해서 부르게 되었다.

그 호칭을 중국 사람들이 한자로 번역해서 기록하였고, 그것을 다시 중국식 번역인 한자 명칭과 한자 그대로를 우리 나라에 받아들이게 된 것이다.

그때 '비하라'에서 '정사(精舍)', '승가람'에서 '가람(伽藍)'이라는 말이 절을 가리키는 말로 쓰이게 되었다.

사찰(寺刹)이라든가 사(寺)라는 말은 중국에서 연유된 말이다. 중국에 처음 불교가 들어간 것은 후한 명제 영평 10년이다. 인도에서 두 스님이 백마에 불경을 싣고 낙양(洛陽)에 들어갔는데, 당시 중국의 행정 기구는 중앙의 천자와 천자 밑에 태상사(太常寺), 종정사(宗正寺), 대리사(大理寺), 광록사(光祿寺) 등 구사(九寺)가 있었다. 사(寺)는 현재 우리 나라 정부 부서의 부나 처와 같은 뜻이었다.

외국 손님을 주관하는 기관이 홍노사(鴻臚寺)였기 때문에 인도에서 온 스님도 처음에 '홍노사'에 머물게 했는데, 그때부터 스님들이 거주하는 곳을 사(寺)로 부르게 되었다고 한다.

그후부터 지금 흔히 쓰는 사원(寺院)이니 사찰(寺刹)이니 사암(寺庵)이니 하는 말은 모두 여기에서 유래한 말이다.

절이란 말은 순수한 우리말인데, 신라에 처음 불교가 전래될 때는 나라에서 불교를 인정하지 않았으므로 아도(阿道) 화상은 지금의 선산군인 일선군(一善郡) 모례(毛禮)의 집에 숨어서 몰래 전도하였다고 한다.

사찰은 많은 불교 신도들의 마음이 하나로 모으는 진원지이고 진리와 이상을 실현하기 위한 화합의 도장이다.

모례는 본래 우리말인 '털례'를 한자로 고쳐 적은 말이라고 한다. '털례'가 '털'로 변하고 또 변해서 '절'이 된 것이라고 한다. 즉 '털'이 '덜'로 바뀌고 다시 '절'로 바뀌었다는 설이다.

속설로는 절을 많이 하는 곳이기 때문에 절이라는 말도 있으나 확실하지 않다.

나) 사찰의 기구

불교가 거룩한 진리를 받들고, 그 진리의 구현자이신 부처님을 받들며, 그 가르침을 열심히 수행하는 스님들을 받들어 스스로 지혜롭게 되고, 또 사회와 국가를 정화하는 기능을 수행하고 있으므로 사찰에는 그 목적과 기능에 따라 많은 기구와 활동 방안을 가지고 열심히 정진하고 있다.

이와 같은 여러 기구는 어떠한 공식이나 틀에 박힌 규정에 따라 이루어진 것이 아니고 오랫동안 내려오는 전통과 관습에 따라 만들어진 기구이며, 종파나 사찰의 규모에 따라 많은 차이가 있다. 그러나 일반적으로 총림의 경우에는 방장, 선원의 경우에는 조실 스님이 최고 어른이시다.

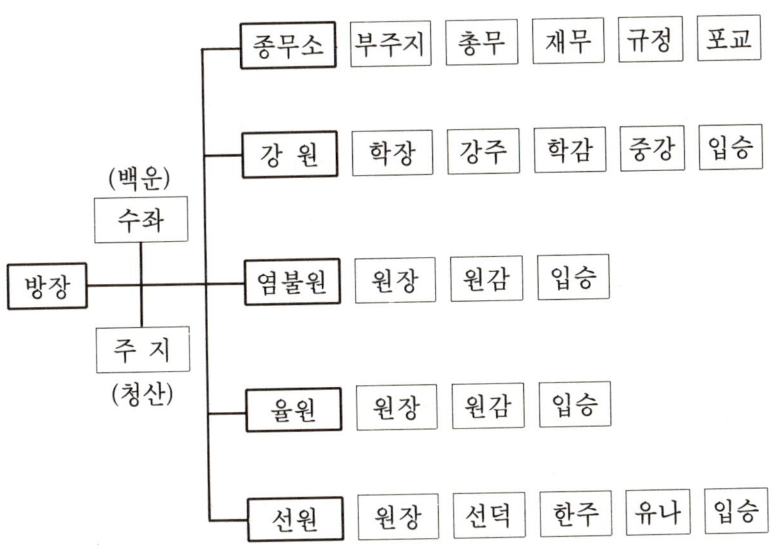

또한 어느 절이나 행정상의 대표로 주지 스님의 소임이 있고, 주지 스님 아래에 필요에 따라 총주, 재무 등의 소임을 두는 경우도 있다. 사찰의 규모가 작을 경우에는 주지 스님을 비롯한 많은 스님들이 혼자서 여러 소임을 겸직하는 경우가 많다.

위의 표는 총림 기구를 참고로 나타낸 것이지만, 모든 총림이 모두 이와 똑같은 것은 아니다.

제 2 장

인사법과 몸가짐

사찰에는 불교 특유의 예법이 있다. 합장, 차수, 반배, 큰절,
서 있을 때의 자세 등 여러 가지 예법과 아울러 향 올리는 법
에 대해서도 알아본다.

사찰에는 불교 특유의 예법이 있다. 그 예법이 평상시 일상 생활에서의 예법과 근본적으로 다르지 않지만, 절하는 방법이나 몸가짐 등 세속의 법과 조금 다른 점이 있기 때문에 처음 절을 찾는 사람들은 당황하는 경우가 많다.

절을 찾는 신도들은 삼보를 받드는 마음이 지극해야 하고, 자기를 낮추고 부처님과 스님들을 공경하는 마음과 자세가 극진해야 한다. '마음이 중요하지 형식적인 몸가짐이 무엇이 그리 대단할까'라고 생각하는 사람이 있을지 몰라도 수행의 초보 단계에는 몸가짐이 마음에 크게 영향을 미치게 되므로 바른 몸가짐과 바른 예절을 지녀야 하는 것이다.

그러므로 우리는 우선 절에서 갖추어야 할 올바른 예절을 꼭 알아야 한다. 절하는 법, 앉은 자세, 서 있는 자세, 합장과 차수(叉手) 등의 동작을 바로 알고 몸에 배도록 익혀서 습관이 되도록 해야 한다. 이와 같은 동작과 마음가짐에 대해서 알아본다.

1. 합장

합장이라는 말은 불교 경전 속에도 나올 뿐만 아니라 불자들이 늘 경례(敬禮)할 때 많이 쓰이는 동작이다.

합장은 단순한 손동작만은 아니다.

경례, 즉 절하는 방법은 민족과 지방과 때에 따라 모양이 여러 가지로 다르다.

우리 나라의 경우도 실외에서는 허리를 굽혀서 인사를 하고, 실내에서는 무릎을 꿇고 인사를 하는 것이 내려오는 예법이다.

불교에서는 부처님 앞에서 오체투지(五體投地)의 큰절을 하고, 서양 사람들은 악수를 하고, 군인들은 거수 경례를 한다.

합장(合掌)은 글자 그대로 두 손바닥을 모아서 경례한다는 뜻이지만, 부처님을 합장공경(合掌恭敬)하고 높은 덕을 찬탄(讚嘆)한다는 말이니, 이때의 합장은 단순히 손동작이나 경례를 가리키는 것이 아니라 우주의 만법을 절대의 '한마음의 경계'로 모아서 통일의 자세를 취한다는 뜻이 담겨 있다. 즉 마음을 모으고 정신을 통일한다는 뜻이 담겨 있다.

합장은 원래 고대 인도 사람들의 경례 중 하나였다고 한다.

현장 법사가 쓴 대당서역기(大唐西域記)에도 인도 사람들의 아홉 가지 절하는 방법이 있는데, 그 중에 불자들은 합장을 경례로 한다고 기록되어 있다. 그래서 우리 나라에도 불교의 전래와 함께 합장의 경례법이 전래된 것이라고 생각된다.

합장에도 여러 가지가 있는데 이를 잘 설명한 것이 밀교(密敎)라는 불교의 한 종파에서 말하는 12합장법이다.

그 중에서 두 손바닥을 밀착해서 합장하는 건실심 합장 방법이 보통 우리가 하는 합장이다.

불교에 전래되는 열두 가지 합장법은 다음과 같다.

건실심합장 (健實心合掌)	 健實心	두 손을 합하고 손바닥을 틈 없이 꼭 붙임.
허심합장 (虛心合掌)	 虛心	두 손을 합하고 손바닥 사이가 조금 트이게 함.
여미개연합장 (如未開蓮合掌)	 如未開蓮	두 손을 합하면서 두 손바닥 사이를 텅 비게 하여 마치 연 꽃봉오리처럼 함.
초할연합장 (初割蓮合掌)	 初割蓮	두 손을 합하되 두 새끼손가락과 두 엄지손가락을 맞대고 두 검지, 중지, 약지를 조금 벌림.
현로합장 (顯露合掌)	 顯露	두 새끼손가락을 붙이고 두 손을 위로 폄.
지수합장 (指水合掌)	 指水	두 손을 위로 펴면서 열 손가락을 굽히고 서로 맞붙여 물을 뜨는 모양을 함.

금강합장 (金剛合掌) 귀명합장 (歸命合掌) 歸命		두 손을 합하고 열 손가락을 서로 엇살리게 하여 오른손의 다섯 손가락을 왼손의 다섯 손 가락 위에 놓음.
반차합장 (反叉合掌) 反叉		두 손등을 맞대며 열 손가락을 서로 엇갈리게 하여 오른손의 다섯 손가락을 왼손의 다섯 손 가락 위에 놓음.
반배상호합장 (反背相互合掌) 反背相互		오른손을 왼손 위에 제쳐놓고 손등과 손등을 합침.
횡주지합장 (橫柱指合掌) 橫柱指		두 손을 제치면서 두 가운뎃손 가락 끝만 붙임.
복수향합장 (覆手向合掌) 覆手向		두 손을 나란히 엎으며 두 손 가락 끝만 붙임.
복수합장 (覆手合掌) 覆手		두 손을 나란히 엎으며 두 엄 지손가락을 맞붙이고, 다른 손 가락들은 끝을 밖으로 향하게 함.

합장을 할 때는 두 팔꿈치를 옆구리에 붙이고 마주한 손바닥은 명치 끝 부근에 갖다 대도록 하며, 머리를 약간 숙이는 것이 일반적인 합장의 바른 자세이다.

두 팔꿈치를 옆구리에 붙이고 마주댄 손바닥은 명치끝 부근에 갖다 대도록 하고 머리를 약간 숙여서 하는 바른 합장의 자세

이와 같은 합장의 동작을 정리하면 다음과 같다.

◘ 합장 요령
① 두 손바닥이 밀착하여 빈틈이 없어야 한다.
② 두 손가락은 서로 맞대고 있어야 하고 어긋나면 안 된다.
③ 특히 엄지손가락과 새끼손가락은 따로 떨어지면 안 된다.
④ 손가락을 벌리면 안 된다.
⑤ 합장한 손은 명치 끝 부근에 닿도록 한다.
⑥ 두 팔꿈치는 양 겨드랑이에 밀착한다.

바르지 못한 합장(손가락을 벌리면 안 된다)

바르지 못한 합장(손가락과 손바닥을 붙여야 한다)

그러나 이와 같은 겉모양보다 더 중요한 것은 합장할 때의 마음가짐이다. 합장을 하는 마음이 일심(一心)의 경지에 있어야 한다. 모든 잡념을 버리고 오로지 순수한 본연의 일념(一念)으

로 합장하는 것이 올바른 합
장이다.

이와 같은 마음가짐으로
합장을 해야 합장하는 순간
스스로의 마음이 깨끗해지
고 자타불이(自他不二)의 정
신에서 자기를 낮추고 상대
를 공경하는 마음이 우러나
오는 것이다.

바른 합장

이러한 합장을 받는 상대도 스스로 머리가 수그러져 합장하
는 사람을 공경하고 존경하는 마음이 생겨나는 것이다.

2. 차수(叉手)

차수(叉手)는 두 손을 자연스럽게 마주잡는 손 모양을 말한다.

손에 힘을 주지 말고 왼손의 손가락을 오른손으로 감싸쥐는
자세가 원칙인데, 이때 손을 바꾸어 오른손을 왼손으로 쥐어도
상관없다.

합장을 오래 하면 너무 힘이 들므로 오랜 법문을 들을 때나
어른 앞에 서서 이야기를 들을 때나 법당 앞, 경내를 걸을 때 차
수를 하게 된다.

그러므로 차수는 앉거나 섰을 때 또는 경내를 걸으면서도 취
하는 보편적인 자세이다.

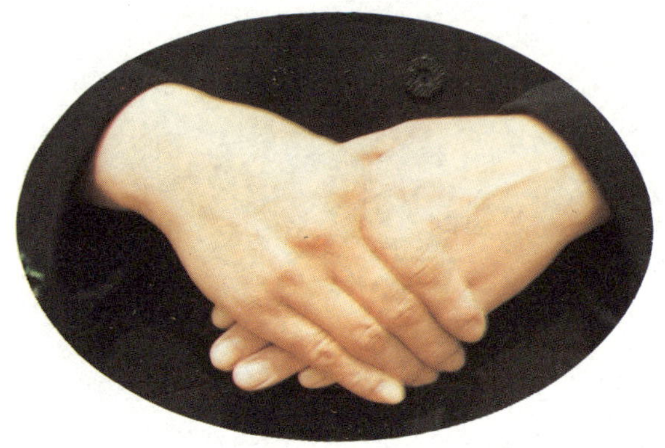

차수(叉手)는 두 손을 자연스럽게 마주잡는 손 모양을 말한다. 손에 힘을 주지 말고 왼손의 손가락을 오른손으로 감싸쥐는 자세이다.

차수의 다른 모양. 손을 바꾸어 오른손을 왼손으로 쥐어도 상관없다.

✪ 차수 요령

① 손에 힘을 빼고 왼손의 손가락으로 오른손을 감싸듯 잡는다.

② 잡은 손을 단전 위에 가볍게 얹는다.

차수를 하는 마음가짐도 합장할 때와 근본적으로 다를 바 없다는 것을 명심해야 한다.

이 세상의 모든 것은 서로 의존하는 연관된 관계로서 존재하고 생멸하고 있다. 그러므로 너를 떠난 나는 없고 또한 나를 떠난 너도 없다. 피차가 서로 공경하고 존경하는 아름다운 자세, 이 때 너와 내가 둘이 아닌 일실 평등의 대원칙이 이루어지는 것이다.

스님의 이야기를 들을 때는 손을 뒷짐지지 말고 차수를 해야 한다.

3. 반배

불자가 부처님이나 불탑, 그리고 스님들에게 절을 올리는 것은 오체투지(五體投地)의 큰절을 하는 것이 원칙이다.

그러나 큰절은 불시에 아무데서나 항상 할 수 없다. 가령 비가 오는 옥외에서나 장소가 비좁아 큰절을 할 만한 공간이 없는 경우에는 큰절 대신 반배를 올리게 된다.

반배는 큰절과 취하는 동작만 다르지 그 근본 정신은 큰절과 조금도 다름이 없다.

반배를 하는 경우를 열거하면 대략 다음과 같다.

① 일주문을 들어서서 법당을 향해 절할 때.
② 절 입구를 들어서며 법당을 향해 절할 때.
③ 옥외의 불상이나 불탑(佛塔)에게 절할 때.
④ 스님이나 법우를 만났을 때.
⑤ 큰절을 할 수 없는 좁은 공간에서 절할 때.
⑥ 큰절을 하기 전과 마친 다음.
⑦ 불전에 향, 초, 꽃 등 공양물을 올리기 전후.
⑧ 법당에 들어선 후.
⑨ 법당에서 나올 때 부처님을 향해서 반배를 올린다.
⑩ 음식을 먹기 전과 먹은 후.
⑪ 경전을 읽기 전후.
⑫ 야외 법회 때.
⑬ 탱화나 벽화 등 불화를 대할 때.
⑭ 기타 예를 표시하고자 하는 모든 경우.

이와 같이 반배는 어느 곳에서나 아니하는 경우가 없으므로 사실상 불자들이 가장 많이 하는 예법임을 알 수 있다.

서서 반배를 하는 경우에 이를 '합장 반배'라고 하는데 이는 합장을 한 자세에서 그대로 허리를 깊이 굽혀서 절하는 자세를 말한다. 이때 허리를 굽히는 각도는 60~90도로 숙이는 것을 원칙으로 하며 90도 이상 숙이는 것은 좋지 않다.

도량에서 스님을 만나면 반배를 올려야 한다.

앉아서 반배하는 경우도 서서 반배하는 경우와 다를 바 없다. 다만 서고 앉아 있다는 차이뿐이니 꿇어앉은 채 고개를 깊이 숙이고 허리를 굽혀서 합장한 자세로 절한다.

◎ 반배 요령
① 합장한 채 허리를 깊이 굽혀 절한다.
② 손끝이 위를 향하게 하고 합장이 흐트러지지 않게 한다.
③ 몸과 손이 일체가 되어 함께 움직인다.
④ 손과 몸을 좌우로 흔들면 안 된다.
⑤ 고개를 약간 숙이고 눈은 코끝을 볼 정도로 낮게 깐다.
⑥ 앉아서 반배를 올릴 때는 꿇어앉은 자세를 취한다.
⑦ 반배하는 자세가 몸에 배어 습관되도록 한다.

4. 큰절

불자들이 삼보(三寶)에게 올리는 큰절은 오체투지(五體投地)의 큰절을 하는 것을 원칙으로 한다.

오체투지의 큰절은 인도식으로 절하는 방법인데 머리와 다리, 팔, 가슴, 배의 다섯 부분이 땅에 닿도록 엎드려 절하는 방법을 말한다.

그러나 우리 나라 사찰에서 하는 큰절 방법은 원래 전해 내려오던 우리 나라 고유의 절하는 방법에 인도식 오체투지의 절하는 방법을 가미해서 절충식으로 만든 것이므로 인도 고유의 오체투지의 큰절법과는 조금 다르다.

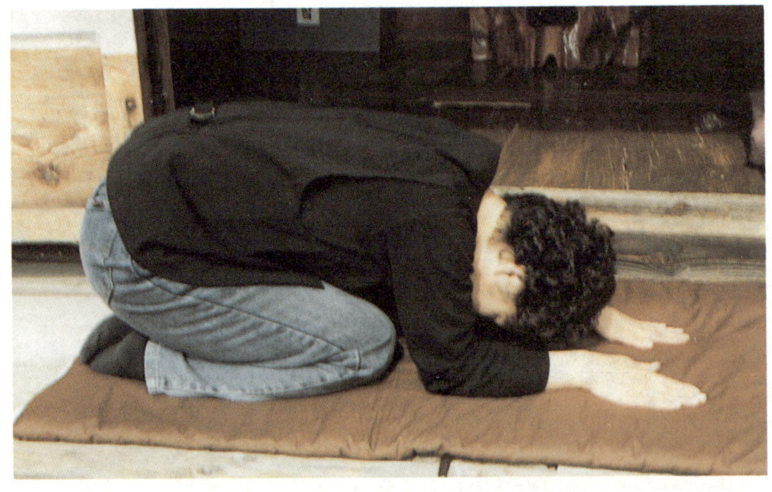

우리 나라의 오체투지 큰절은 신체의 다섯 부분이 닿지만 인도식과는 닿는 부분이 다르다.

우리 나라에서는 머리와 다리, 팔, 가슴, 배의 다섯 부분을 땅에 대는 대신, 다음과 같이 다섯 부분을 땅에 닿도록 하며 절을 한다.

1. 왼쪽 팔꿈치
2. 오른쪽 팔꿈치
3. 왼쪽 무릎
4. 오른쪽 무릎
5. 이마

결국 닿는 부분은 다섯이나 인도와는 닿는 부분이 다르다.

오체투지의 예법은 자신을 무한히 낮추며 상대방에게 한없는 존경심을 표시함으로써 자신의 아만과 교만을 없애고 삼보에게 귀의하는 순수한 마음이 생기게 하는 경건한 동작이다.

큰절하는 순서를 그림으로 설명하면 다음과 같다.

① 차려의 자세로 합장한 채 선다.
② 합장하고 서 있는 자세에서 그대로 무릎만 꿇는다.
③ 오른손을 땅에 댐과 동시에 발등이 땅에 닿도록 꿇어앉을 때 취하는 것과 같은 발 모양을 한다. 이때 왼발이 오른발 위에 포개져서 X자가 되게 한다.
④ 왼손과 이마를 땅에 댄다. 이때 두 손의 간격은 두 손 사이에 머리가 들어갈 수 있을 정도로 벌린다.
⑤ 손을 뒤집어 약간 귀 위로 들어올려 부처님을 받드는 모습을 한다.

◐ 절하는 순서

◐ 일어서는 순서

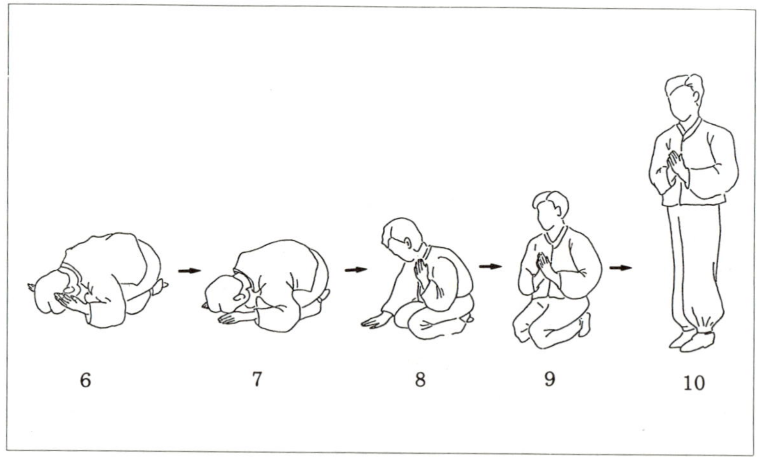

⑥ 다시 절하는 자세로 돌아와서 머리를 들며 왼손을 가슴에
댄다.

⑦ 오른손을 들며 일어나 앉아 합장한다.

⑧ 일어서서 처음 절을 시작할 때의 자세로 돌아간다. 같은 식으로 절을 두 번 한다.

⑨ 세번째(마지막) 절을 했을 때 오체투지의 상태에서 잠깐 동안 손바닥을 뒤집어 귀 위까지 올린 다음, 다시 오체투지 상태로 돌아간다.

⑩ 손바닥이 땅에 닿아 있는 상태에서 머리와 어깨만 잠깐 든다.

⑪ 오체투지의 상태로 돌아간 다음, 손을 뒤집는 동작을 한 번 더하고 오체투지의 상태로 돌아간다.

⑫ 머리를 들고 왼손을 가슴에 댄 다음, 오른손을 들며 일어나 앉아 합장을 한다.

⑬ 일어서서 처음 절을 시작할 때의 자세로 돌아간다.

⑭ 마지막 절할 때의 격식을 고두(叩頭)라고 한다.

⑮ 이상의 동작을 물 흐르듯 자연스럽게 연속 동작으로 해야 한다(여기서는 설명을 위해 한 동작 한 동작 끊어서 설명했으나 실제로는 이어져야 한다.).

고두는 절을 몇 번 하든 맨 마지막에 하는 예이다.

지극한 마음을 표시하기 위해서 7배, 21배, 108배, 1080배 혹은 3000배를 한다 해도 가장 마지막 절을 할 때는 한 번만 고두를 한다. 고두의 의의는 '부처님의 법을 이제 내가 두 손으로 받습니다'라는 뜻이므로 가장 경건한 마음가짐으로 해야 한다.

◈ 고두 : 마지막 절하는 법

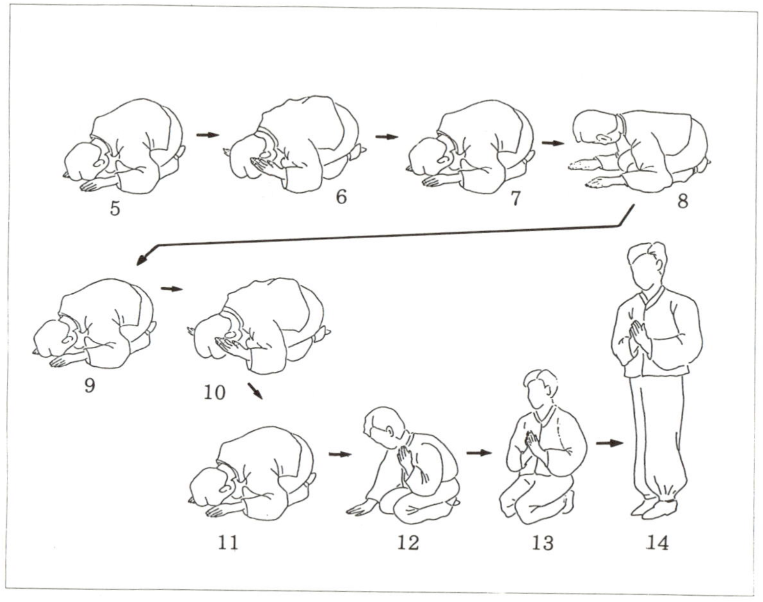

마지막에 올리는 절은 손바닥을 뒤집어 고두의 예를 갖추어야 한다.

5. 서 있는 자세

  법회나 기타 의식 때 부처님 앞이나 스님 앞에 서 있거나, 사찰을 참배하고 경내를 걸어다니다 탑이나 벽화 앞에 가만히 있는 때가 있다. 이 경우에도 올바른 예절이 요구된다.

  경박하게 고개를 자주 돌리며 주위를 살피느라 두리번거리거나, 함께 온 가족이나 법우들과 큰소리로 잡담하거나 소곤거리면 안 된다.

합장을 하고 서 있는 자세

차수를 하고 서 있는 바른 자세

다리를 아무렇게나 벌리고 손을 허리에 얹거나 뒷짐을 지는 것도 예의에 어긋나는 일이다.

다리를 떨거나 발로 땅바닥에 낙서를 해도 안 된다.

바른 자세는 발을 약 45도 각도로 벌리고, 양 발꿈치와 무릎이 닿도록 바로 서서 손은 합장을 하거나 차수를 해야 한다.

오래 서 있을 때도 자세를 흩트리면 안 되고 피곤하면 두 다리에 체중을 번갈아 싣는 것이 좋다.

> ◘ 선 자세
> ① 두 발은 약 45 각도로 벌린다.
> ② 이때 발꿈치와 무릎이 닿도록 한다.
> ③ 손은 합장이나 차수를 한다.
> ④ 허리를 펴고 몸을 숙이지 않는다.
> ⑤ 고개를 약간 숙이고 눈은 콧등을 보듯이 밑으로 내린다.

6. 앉은 자세

불자가 취하는 자세 중의 특히 앉는 자세는 보통 사람들이 취하는 자세와 다른 점이 많다. 즉 허리를 지면과 수직이 되게 꼿꼿이 펴고 태산 반석과 같이 앉아 좌선(坐禪)하는 모습은 고고한 기품이 엿보인다. 이와 같은 좌선의 자세는 하루아침에 되는 쉬운 일이 아니어서 많은 연습과 수련을 쌓아야 된다.

가장 많이 취하는 자세가 결가부좌(結跏趺坐)이다.

결가부좌 방법은 사진과 같이 오른발을 왼쪽 넓적다리 위에

발바닥이 하늘을 향하도록 올려 놓고, 다음에 같은 요령으로 왼발
도 당겨서 오른쪽 넓적다리 위에 교차시켜 얹어 놓는 자세이다.
　이 자세는 보기보다 어려워서 오랜 연습 없이 아무나 쉽게 할
수 있는 동작이 아니다.

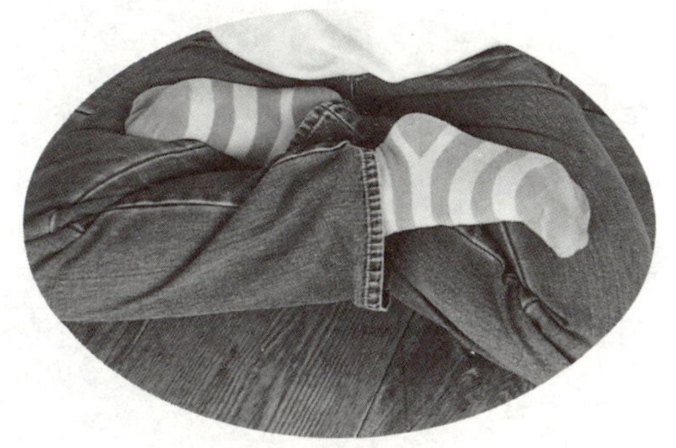

결가부좌한 모습

> ❖ 결과부좌 요령
> ① 두 발이 같은 각도로 교차되어야 한다.
> ② 두 무릎은 방석과 밀착되어야 한다.
> ③ 두 발은 바짝 당겨 하복부에 가까이 붙여야 한다.
> ④ 항문과 두 무릎이 삼각형을 이루며 바닥에 밀착되어야 한다.
> ⑤ 손은 법계정인을 하거나 차수를 한다.

　결가부좌는 아무나 취할 수 있는 쉬운 자세가 아니므로 일반
적으로 반가부좌(半跏趺坐)를 많이 한다.
　이 자세에서도 두 무릎이 바닥에 밀착되도록 하는 것이 원칙
이지만, 밑에 깔린 다리 때문에 두 무릎이 모두 바닥에 완전히
닿기는 어렵다. 그러나 결가부좌보다 수월하므로 많은 사람들이

이 자세를 취한다.

결가부좌나 반가부좌 자세로 앉을 때 두 귀와 두 어깨가 지면과 평행이 되게 하고, 코와 배꼽을 이은 선이 지면과 수직이 돼도록 허리를 꼿꼿이 펴야 하며, 턱은 약간 당기며 염불이나 독경할 때를 제외하고는 입을 다물어야 한다. 이때 허리를 꼿꼿이 펴서 바른 자세를 취하되 너무 힘을 주어 몸이 부자연스럽게 되지 않도록 주의해야 한다.

반가부좌

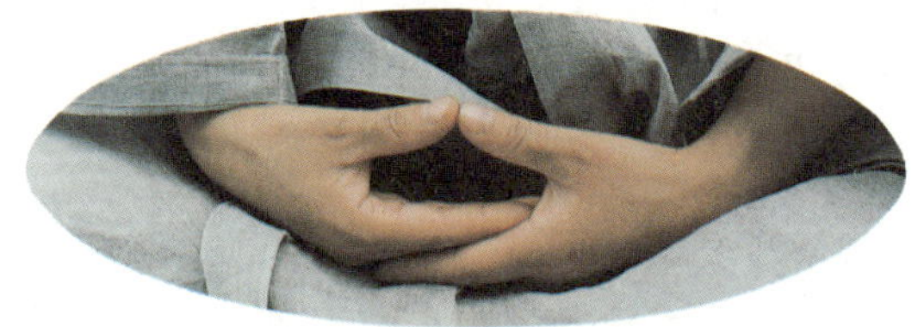

법계정인을 한 손

☉ 반가부좌 요령
① 오른발을 당겨 바닥이 위를 향하도록 왼쪽 넓적다리 위에 얹는다.
② 왼발은 오른쪽 넓적다리 밑에 둔다.
③ 이때 발을 바꾸어도 좋다.
④ 다른 요령은 결가부좌의 경우와 같다.

7. 꿇어앉은 자세

예불이나 독경, 염불 등을 할 때 가장 많이 취하는 자세이다.
우리 나라 사람들은 이 자세에 익숙하지 못해서 오래 지속하기 어려운 자세이지만, 예경(禮敬)이나 축원(祝願)을 할 때는 반드시 꿇어앉은 자세를 취하는 것이 좋다.

이때도 허리를 곧게 펴서 몸의 평형을 유지하고 몸이 좌우로 흔들리지 않게 해야 한다.

발 모양만 다르지 다른 요령은 가부좌(跏趺坐)와 같다.

꿇어앉은 자세

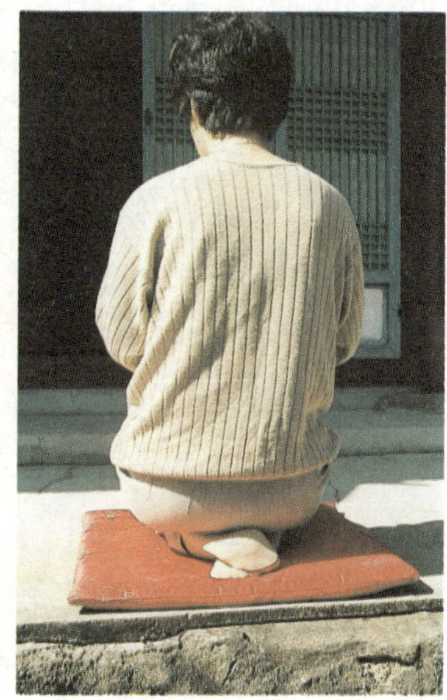

발 겹치는 모양

◎ 꿇어앉는 요령
① 절할 때처럼 자연스럽게 두 무릎을 꿇고 앉는다.
② 두 발을 ×자 모양으로 교차시키되 오른발을 밑에 두고,
   왼발을 오른발 위에 얹는다.
③ 다른 요령은 가부좌와 같다.

8. 장궤(長跪)와 우슬착지(右膝着地)

이 좌법은 특별한 의식 때 가끔 쓰는 좌법이다.

수계(受戒) 의식처럼 스님으로부터 소중한 것을 받을 때 이 자세를 취하는데, 보통 두 무릎을 꿇는 자세와는 조금 다르다.

두 무릎을 가지런히 꿇고 앉되 무릎부터 머리 끝까지 상체가 수직이 되도록 몸을 꼿꼿이 세우고 두 발끝을 세워, 발끝으로 땅을 지탱하는 자세를 취한다. 이때 손은 합장을 하고 고개는 약간 숙이며 눈은 코끝을 보며 약간 내리뜬다.

이 좌법은 호인(胡人)이 경례하기 위해서 무릎을 꿇어 땅에 대거나 무릎을 세우고 몸을 버티는 예법에서 비롯되었다.

이에는 호궤(互跪), 좌궤(左跪),

두 무릎을 꿇은 장궤 자세

장궤(長跪)의 세 가지가 있다. 이 가운데 한쪽 무릎을 땅에 대고 한쪽 발을 세우는 호궤를 불자들이 예전부터 많이 이용하고 있다. 이를 우슬착지(右膝着地)라고 한다.

◎ 장궤(長跪) 요령
① 두 무릎으로 땅을 디딘다.
② 허벅지와 상체를 곧게 세운다.
③ 발등을 땅에서 떼고 발끝으로 땅을 버티는 자세를 취한다.
④ 다른 모든 자세는 합장할 때와 같다.

우슬착지는 사진과 같이 오른쪽 무릎을 땅에 붙이고 오른발 끝으로 땅을 딛는다. 왼쪽 무릎을 세우고 왼쪽 발은 땅을 밟고 허리를 꼿꼿이 세우며 손은 합장하는 것이 보통이다.

우슬착지 좌법

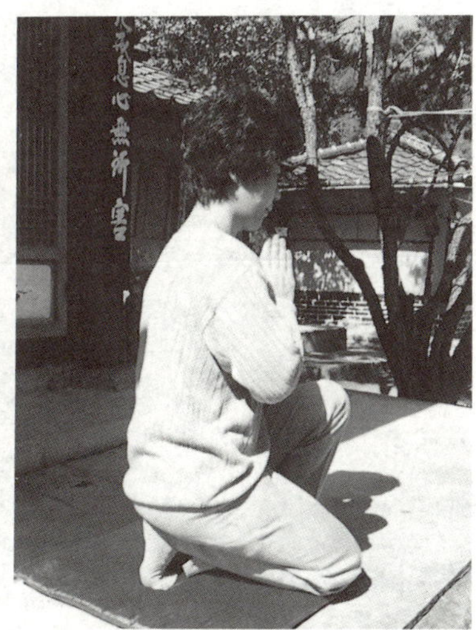

우슬착지 발 모양

◎ 우슬착지(右膝着地) 요령

① 오른쪽 무릎을 세우고 오른발 끝으로 땅을 딛는다.

② 왼쪽 무릎을 세운다.

③ 왼발 끝으로 땅을 딛고 발꿈치를 세워 그 위에 가볍게 앉는다.

④ 손을 합장한다.

⑤ 허리가 굽지 않도록 주의한다.

⑥ 나머지는 선 자세와 같다.

9. 향과 초를 올리는 법

부처님 전에 올리는 향은 불을 붙이면 좋은 냄새가 나는 물질로서의 향이 아니라 해탈(解脫)을 상징하고 진여의 세계를 상징하는 소중한 향이다.

향은 자기 몸을 살라 향기로운 냄새와 맑은 연기를 온 세상에 풍기기 때문에 불자의 정성스러운 마음을 그대로 나타내 주는 것이다. 한 자루의 향이 탈 때 중도에 끊어짐이 없고 끝까지 타는 것은 우리들의 신앙과 부처님에 대한

향을 올리는 자세.

존경이 이어짐을 상징한다. 그러므로 이러한 고귀한 향을 올리는 우리의 마음도 향 못지 않게 깨끗해야 한다.

▣ 향 올리는 요령
 ① 향이 든 함 앞에 나아가 반배를 올린다.
 ② 두 손으로 향을 한 개 집는다.
 ③ 향에 불을 붙인다. 이때 촛불에 향을 붙여도 좋다.
 ④ 불이 붙은 향을 두 손으로 받들어 머리 위로 올린다.
 ⑤ 향로에 똑바로 꽂는다.
 ⑥ 반배를 올린다.
 ⑦ 합장한 채 뒷걸음으로 물러선다.

부처님 앞에 이미 다른 사람이 촛불을 켜 놓았거나 향을 켜 놓았다면 자신의 초를 켜고 향을 사르기 위해 다른 사람이 켜 놓은 촛불을 끄거나 사른 향을 뽑아 버리는 행동을 하면 안 된다.

양손을 받쳐 불전에 촛불을 켠다.

그리고 이러한 행동은 결코 부처님을 기쁘게 하는 행동이라고 할 수 없다. 준비한 초와 향에 불을 붙이지 않고 그대로 불전에 올리는 것이 더욱 진실된 공양이 된다.

불을 붙이지 않는 향에서 나는 향 연기와 향내도 결코 불을 붙인 향에 뒤지지 않는다. 부처님께서는 그러한 사람의 마음과 정성을 충분히 아시고 더욱 기뻐하신다.

초는 자신의 몸을 불살라 온 세상에 밝은 빛을 비춘다. 이는 온갖 고행과 수행으로 중생 구제를 위한 수많은 원을 세워 정진하는 보살심과 같이 숭고하고 거룩함을 상징한다.

어둡고 캄캄한 무명(無明) 세계에 던져 주는 한 줄기 불빛은 마치 어두운 이 세상을 밝게 비쳐 주는 부처님의 법과도 같은 것이다. 그래서 모든 불자는 자기 마음의 무명을 씻는 마음으로 법당에 들어가면 꼭 촛불을 밝힌다.

여러 공양 가운데 초와 향 공양을 으뜸으로 치는 것도 모두 이런 까닭이다.

◈ 촛불 공양 요령
① 촛대 앞에 나아가 부처에게 먼저 반배를 올린다.
② 성냥에 불을 붙여서 두손으로 받들어 촛불을 붙인다.
③ 불을 붙인 다음 합장한 채 절할 장소까지 뒷걸음질로 물러 선다(3~5 걸음).
④ 부처에게 삼배를 올린다.
⑤ 예배가 끝나면 합장한 채 촛불을 끄러 촛대 앞으로 간다.
⑥ 촛불을 끈다(법당에 다른 법우가 있을 때는 촛불을 끄지 않는다).
⑦ 화재의 위험이 없나 확인한다.

그러나 이와 같은 촛불 공양을 올릴 때는 늘 화재의 위험도 따르므로 각별히 조심하고, 법당을 나올 때는 반드시 촛불을 끄고 나와야 한다.

앞에서 언급한 대로 법당 안에 이미 다른 법우가 촛불을 켜 놓았으면 촛불을 다시 켜지 않고 준비한 초를 불전에 그대로 올려 놓고 반배를 드림으로써 촛불 공양이 끝나는 것이다.

법당 밖으로 나올 때는 법당 안에 다른 사람이 남아 있으면 촛불을 그냥 두고 나와도 좋지만, 마지막으로 나오는 때는 반드시 촛불을 꺼야 하는데 다른 기물을 확인하고 화재 등의 염려가 없나 살핀 다음 나와야 한다.

법당에 다른 사람이 없을 때는 촛불을 끄고 나온다.

다른 사람이 켠 촛불을 끄고 자기의 초를 켜는 것은 잘못이다.

제 3 장

사찰에 이르기까지

사찰을 찾는 바른 마음가짐은 무엇일까? 일주문에 다다를 때
까지 지켜야 할 바른 예절은 어떤 것일까?
그 바른 예법을 알아본다.

사찰은 세속에 때묻지 않는 청정한 수행의 도량이고 정신의 안식처이다. 내 정성을 다 바치는 마음의 본향이고 거룩한 부처님의 전당이다.

불교가 자기 속에 숨어 있는 참생명을 스스로 발견하고, 자기 속에 묻혀 있는 진실한 자기를 발견해서 참다운 나를 찾아 진실한 생활을 하도록 수행하는 종교라면, 사찰은 바로 그러한 도를 실천하는 곳이다.

1. 절을 찾는 마음가짐

사찰을 찾아간다는 것은 곧 자기 마음에 정성을 드리는 것과도 같다.

절에 가기로 결심을 하면 스스로 자기 마음을 깨끗하게 정화해서 부처님 앞에 나가야 한다. 옛 사람들은 절에 가기로 결심한 날이 정해지면 그날부터 부정한 것은 보지 않고 살생을 하지 않으며, 육식을 하지 않고 항상 착한 마음과 정결한 몸가짐으로 그날이 오기를 기다려서 아침 일찍 집을 나와 절을 향해 떠났다고 한다.

부처님에게 올리기 위해 정성스럽게 마련한 공양물은 집을 출발해서 절에 다다를 때까지 머리에 이거나 등에 지고 가며 절대로 땅에 내려놓지 않았다고 한다. 쉴 때도 가슴에 안거나 무릎에 놓고 쉬었다고 한다. 그러나 지금은 시대가 바뀌어 절을 찾아갈 때 차로 쉽게 갈 수 있다.

빠르고 쉽게 가는 만큼 절을 찾는 정성 또한 옛날과 같지 않으며, 관광지나 유원지를 찾는 기분으로 음식을 잔뜩 가지고 가고, 화려한 옷에 보기 흉할 정도로 심한 노출을 한 채 주위의 눈살을 찌푸리게 하는 사람도 있다.

사찰은 청정한 수행의 도량이다.

불교인이 아니더라도 사찰은 우리 전통 문화가 가장 잘 보존되어 있고 사찰 주변은 산림이 가장 잘 보전되어 있다는 것을 모두 잘 알고 있다.

그러므로 사찰을 찾을 때는 옛 사람들처럼 지극한 정성은 드리지 못하더라도 최소한 다음과 같은 기본 예절은 가져야 한다.

◎ 절을 찾는 마음가짐

① 충분한 시간을 마련해서 넉넉한 마음으로 절을 찾는다.
② 부처에게 올릴 공양물은 정성껏 장만한다.
③ 너그럽고 온유한 마음으로 출발한다.
④ 너무 원색의 옷이나 진한 화장을 삼간다.
⑤ 짧은 치마나 바지로 몸을 너무 노출하지 않도록 한다.
⑥ 경내에는 악기나 라디오를 지참하지 않는다.
⑦ 가족과 아기를 동반할 때는 사찰에서 지킬 규범을 미리 교
   육한다.
⑧ 목걸이나 반지 등 사치스러운 장신구는 착용하지 않는다.
⑨ 몸을 깨끗이 씻고 정결한 옷을 입는다.
⑩ 품위 있는 신발을 신는다.
⑪ 기도나 제사에 참석할 때는 미리 부정한 일을 멀리한다.
⑫ 절에서 하는 행사나 남의 기도에 방해가 되지 않게 한다.

---

2. 산길에서

사찰 경내로 통하는 산길은 사찰 못지 않게 잘 보존되어야 할 우리들의 값진 보배이다. 차에서 내려 풋풋한 풀 냄새가 풍기는 숲을 조용히 걸으면 마음은

사찰로 통하는 산길은 잘 보존해야 할 소중한 보배이다.

한없이 편안하다.

도시의 공해에 시달리다가 오랜만에 듣는 물소리와 새소리는 어떤 음악보다도 좋고 정신을 맑게 해준다.

자연과 떨어져 아스팔트와 콘크리트 속에 갇혀 살던 도시인들에게 땅과 숲이 내뿜는 싱싱한 생명의 정기는 공해와 소음으로 멍든 몸과 마음에 새로운 활력을 흠뻑 불어넣어 준다. 그러므로 사찰로 향하는 산길을 걷는 것은 사찰을 참배하여 얻어지는 또 다른 하나의 축복이고 혜택일 것이다.

그런데 차를 타고 좋은 산길을 획 지나가 버린다면 이처럼 귀중한 경험을 포기하는 결과가 된다.

숲속에는 신비함이 깃들어 있다.

풀 한 포기, 나무 한 그루 모두가 오묘한 자연의 조형물이며 우리를 감동시키는 놀라운 힘을 갖고 있다. 자세히 보면 볼수록 환희롭고 신비로운 것뿐이다. 그래서 사찰에서 지정한 주차장에 차를 세우고 산길을 천천히 걸어서 경내로 들어가는 것이 여러 면에서 바람직하고 꼭 지켜야 할 기본 예절이다.

숲길로 차를 몰지 않아야 숲이 보존되고 그곳에 사는 동식물이 보호되며, 숲속에 자리잡은 사찰도 평화와 위엄을 간직할 수 있다.

다른 사람들이 모두 걸어가는데 무슨 특권이나 가진 듯 자신만 차를 타고, 산길에 먼지를 피우면서 획 달려간다면 자연과 사람과 사찰에 죄를 짓는 것은 물론이고, 진실로 얻어야 할 많은 것을 스스로 놓치게 된다.

절에 갈 때는 걷는 것이 여러 가지로 좋고, 특히 사찰로 통하는 산길에서는 꼭 걸어가야 한다는 것을 명심해야 한다.

길가에 자란 풀 한 포기, 꽃 하나에도 자연의 신비가 깃들어 있다.

◎ 산길에서 지켜야 할 예절
① 걸어서 간다.
② 고성 방가하지 않고, 시끄러운 음악을 크게 틀지 않는다.
③ 침이나 가래를 뱉지 않는다.
④ 으슥한 곳이라고 용변을 몰래 보지 않는다.
⑤ 꽃 한 송이, 풀 한 포기도 꺾지 않는다.
⑥ 쓰레기를 함부로 버리지 않으며, 남이 버린 쓰레기는 보는
   대로 주워 지정한 곳에 버린다.
⑦ 길 한쪽으로 걷는다.
⑧ 뛰어가지 않는다.
⑨ 주변의 경치와 자연을 충분히 감상하며 간다.
⑩ 쉴 때는 통행에 방해가 되지 않는 장소에서 쉰다.

3. 장승

절이 가까워지면 마음은 편안하고 안정되며 주변의 산세는 수려함을 더하고 공기는 더욱 맑아진다. 새소리, 바람 소리도 맑아지고 드넓은 시야가 확 트여 속을 시원하게 한다.

산길을 걸어가며 한 구비 한 구비 돌 때마다 절이 보이기를 바라는 사람들 눈앞에 갑자기 나타나는 것은 오랜 세월 말없이 한 자리에 서 있는 장승일 것이다.

장승이 서 있는 것을 보면 이제 절이 멀지 않은 곳에 있다는 것을 알 수 있다.

사찰 앞에 있는 장승은 사찰을 보호하고 사찰 땅의 경계를 표

선암사 입구에 서 있는 장승(근래에 복원)

시하며, 사찰에 대한 이정표를 나타내기도 한다. 또한 사찰에 침입하는 잡귀를 몰아내고 사찰을 수호하며, 풍수지리설에 따른 보허(保虛) 진압(鎭壓) 등의 다양한 기능을 갖고 있다.

상주 남장사 입구에 서 있는 돌장승

이와 같이 사찰 장승은 단순한 한두 가지 기능만 가진 것이 아니고, 절에 오는 사람의 액운을 덜어 주고 복을 가져다 주며, 바라는 소원도 성취해 주는 등 다양한 기능을 수행하고 있다. 그러므로 사찰 장승은 한때 신앙의 대상으로도 받아들였다.

대부분의 장승은 모두 나무로 만든 나무 장승이었으므로 세월의 흐름에 따라 모두 퇴락되었고, 돌로 만든 돌장승만 극히 일부 남아 있는데 모두 문화재로 지정되어 있다.

이와 같이 장승은 옛 조상들이 머리를 조아리며 마음을 모으고 복을 기원하던 신앙의 유구이므로 우리도 장승 앞을 지날 때 반배를 올려도 나쁠 것이 없다고 생각한다.

◑ 장승 앞에서
① 손으로 만지지 않는다.
② 사진을 찍으려고 장승에 기대거나 안지 않는다.
③ 장승에 낙서하지 않는다.
④ 출입이 금지된 울타리 안으로 들어가지 않는다.

4. 부도

장승을 지나 산길을 더 걸어가면 양지 바른 산비탈의 탑과는 모양이 다른 석조물을 볼 수 있다.

항아리를 엎어놓은 것처럼 생긴 여러 형태의 돌들을 부도라고 하는데, 부도는 승려의 유골이나 사리를 안치한 묘탑이다.

원래 부도는 절 뒷산에 자리잡고 있는 것이 많지만, 사찰 입구에 마련된 것도 많이 있다.

부도 옆에는 비석도 서 있다.

'부도'라는 말은 붓다(Buddha)를 번역하는 데서 유래된 말이다. 불타가 부도이므로 외형적으로 나타난 불상도 바로 부도라고 할 수 있으므로 넓은 의미에서는 불상과 불탑도 부도라고 할 수 있다.

부도는 스님의 법제자와 문도들이 돌아가신 선사를 추모하고 섬기는 극진한 마음으로 선사가 입적한 뒤에 정성을 다해 세우는 것이다. 그러므로 부도 앞에서는 삼보를 숭배하는 마음으로 극진한 예를 갖추어야 한다.

부도는 앞에서 말한 것처럼 일반적으로 스님들의 유골을 안치한 묘를 말한다. 부도를 세우게 된 것은 장례식을 불교 의식대로 하는 데서 비롯되었다.

화장하고 나서 생기는 유골이나 사리를 모시기 위해서 필연적으로 생겨난 것이다.

불교가 처음 우리 나라에 들어온 것은 4세기 후반이지만 그때는 부도의 건립이 없었고, 9세기 경에 이르러 본격적으로 부도 건립이 이루어졌다고 한다.

부도는 다른 석조물과는 달리 탑비(塔碑)가 함께 세워져 있어서 스님들의 생애와 행적 등이 기록되어 있다.

그래서 부도 가까이에는 많은 비석도 함께 찾아볼 수 있다. 이 세상에 오셨다가 우리가 가고 있는 길을 먼저 밟아 가신 선현들의 자취가 바로 부도와 비석이다.

지금은 썰렁한 잡초 속에 묻혀 있는 부도의 모습이 바로 내일의 나의 모습이라고 생각할 때 더욱 숙연해지고 고인에 대한 겸허한 마음이 생기게 된다. 부도는 신앙의 대상은 되지 않아도 예경(禮敬)의 대상으로 경의를 표시해야 한다.

◎ 부도 앞에서

① 부도를 향해 반배를 세 번 올린다.

② 부도 가까이 접근하지 않는다.

③ 부도에 걸터앉는 등 장난을 치지 않는다.

④ 꽃이나 향을 올려도 좋다.

⑤ 비석에는 절을 하지 않아도 좋으나 비문을 읽어 본다.

부도 앞에서는 합장 반배를 한다.

5. 냇물을 건너서

절을 찾아가다 보면 길은 계곡을 따라 꼬불꼬불 잘도 열려 있고, 길가에는 맑은 냇물 흐르는 소리가 들린다.

절 가까운 곳에는 맑은 물이 흐르는 개울이 있다. 개울을 건너야 절에 갈 수 있도록 되어 있다.

여름에도 발을 담그면 뼛속까지 짜릿하게 시리는 깨끗한 물은 혼탁한 우리의 영혼까지 맑게 씻어 주는 듯하다. 그 물에 손을 씻으면 세속에 찌든 우리의 마음까지 말끔히 씻겨질 것같다.

돌 틈으로 급히 흐르는 물을 바라보면 세월도 물같이 빨리 흘러감을 실감하게 된다.

절로 가는 길가에는 맑은 물이 흐르는 개울이 있다.

무엇이 그렇게도 바쁘기에 저 물과 세월은 그렇게 급히 흘러만 가고, 한번 가면 영영 다시 돌아올 줄 모를까.

계곡의 물을 내려다보며 하염없는 상념에 잠기면 자연 속에 있는 나의 실상에 대해서 더 큰 의문을 갖게 되고 본향을 생각하게 된다.

그 냇물에 놓여 있는 작은 다리는 주위의 산천과 어울려 운치를 돋구어 준다. 다리를 건너면서 세속에 더럽혀진 마음의 때를 모두 벗으라고 절 입구에 다리를 놓은 것이다.

선암사에는 개울 위아래에 다리가 두 개 있다.

월천공덕(越川公德)을 이루기 위해 하류에 있는 첫번째 다리를 건너 오른쪽 언덕에서 왼쪽 언덕으로 건너갔다가, 조금 상류에 있는 두번째 다리를 통해 다시 오른쪽 언덕으로 건너와서 절로 가도록 되어 있다.

세속의 모든 먼지를 씻어버리고 깨끗한 마음, 욕심 없는 마음, 평화로운 마음으로 부처님이 계신 나라인 절에 들어가라고 입구에 냇물이 있고, 그 냇물에 다리가 있는 것이다.

조계산 선암사 입구에 놓인 다리(두 개가 있다)

무심히 건너던 절 앞의 다리는 옛 사람들이 우리들에게 월천공덕을 이루라고 의도적으로 만든 자비로운 선물이며, 세간(苦,

集)과 출세간(滅, 道)이기도 하다. 그러므로 다리를 건널 때 이러한 상징적인 뜻을 잘 알고 건너야겠다.

그리고 다리 위에서 냇물에 돌을 던지거나 쓰레기 등을 버리면 안 된다. 또 냇물이 맑다고 물 속에 뛰어들어가 멱을 감거나 빨래를 해서 물을 더럽혀도 안 된다.

◎ 개울을 건너며
① 개울에 놓인 다리는 모두 건너도록 한다.
② 냇물에 돌을 더지거나 오물을 버리지 않는다.
③ 멱을 감거나 빨래를 하지 않는다.
④ 다리 밑이나 물가에서 취사 행위를 하지 않는다.
⑤ 물고기를 잡지 않는다.
⑥ 다리 위에서 장난을 치지 않는다.

제 4 장

사찰에 다다라서

일주문을 지나면 사찰 경내에 들어선 것이다. 많은 문들을 지
날 때 큰 법당에서 우리가 지켜야 할 예절은 어떤 것일까?
그 올바른 예법을 알아본다.

일주문을 지나면 사찰 경내에 들어선 것이다. 많은 문들을 지날 때 큰 법당에서 우리가 지켜야 할 예절은 어떤 것일까? 그 올바른 예법을 알아본다.

1. 일주문에서

절에는 여러 종류의 문이 있다. 문이란 하나의 경계이며, 서로 다른 세계를 가르는 경계이기도 하고, 서로 다른 이쪽 세계와 저쪽 세계를 이어 주는 유일한 통로이기도 하다.

절에는 많은 문들이 있는데 우리가 가장 먼저 대하는 문이 바로 일주문이다.

일주문이란 사찰에 들어가는 산문(山門) 중 첫번째 문이며 기둥이 한 줄로 되어 있다는 데서 유래된 이름이다. 네 곳에 기둥을 세우고 그 위에 지붕을 덮는 일반적인 가옥 형태와는 달리, 일직선으로 세운 두 기둥 위에 지붕을 얹은 독특한 형식의 건축물이 일주문이다.

일주문을 들어서면 사실상 사찰 경내에 들어서는 것이고 부처님의 세계에 다다른 것이다.

기둥을 일렬로 세운 일주문이 상징하는 뜻은, 모든 진리는 하나로 돌아가는 것이며, 모든 존재는 일심(一心)의 작용에 따라 나타난다는 불교의 근본 진리를 나타내는 것이다.

산과 바다, 세계와 인생, 정신과 물질, 부처와 중생, 너와 나, 사랑과 미움 등 우주에 존재하는 모든 것이 일심동체이며, 그 근본은 오직 하나이지 둘이 아니라는 뜻이 일주문에 담겨 있다.

그러므로 우리는 이 문을 들어설 때 미워할 사람도, 집착할 탐욕도, 갚아야 할 원수도 모두 버려야 하는 것이다.

일주문 앞에 오면 반배를 올리고 문으로 들어간다.

모든 것의 근원은 오직 하나이며 둘이 아니라는 사실을 잘 알고, 착하고 너그러운 본연의 마음으로 부처님 앞에 나가야 하는 것이 일주문이 주는 교훈이다.

지금까지 우리들은 사바 세계에서 부처님의 신성한 전당인 사찰을 찾아왔는데, 사찰은 세속과 멀리 떨어진 이상 세계, 즉 극락 세계를 상징하기도 한다.

사찰 안에는 많은 부처님과 보살님, 그리고 여러 아라한들과 스님들이 계신다. 그러므로 일주문 앞에 이르면 멀리 본당(本堂)을 향해서 합장하고 반배를 올린 다음 일주문을 통과해야 한다.

법당 안에 계시는 부처님에게 왔다는 인사를 먼저 하고 부처님의 세계로 들어가야 하기 때문이다.

뿐만 아니라 사찰 참배를 마치고 돌아올 때도 일주문에 이르면 멀리 본당 쪽을 보고 반배를 올리고 절을 떠나오는 것이 올바른 예절이다.

사찰의 참배를 마치고 돌아갈 때도 일주문에 다다르면 반배를 올리고 돌아온다.

◈ 일주문에서
① 일주문 앞에 서서 본당을 향해 반배를 올리고 경내로 들어간다.
② 참배를 마치고 돌아갈 때도 일주문에서 반배를 올리고 집으로 돌아간다.

2. 사천왕문(四天王門)에서

일주문을 들어서면 사찰에 따라서는 사찰의 수호신인 사천왕 (四天王)을 모신 사천왕문(四天王門)이 있다.

사천왕문은 사찰에 들어오는 산문(山門) 중 일주문 다음에 있 는 두번째 문이다. 불법을 수호하는 사천왕을 모신 곳으로서, 여 기에 사천왕의 조상이나 그림을 봉안하고 있다.

사천왕들은 불거져 나온 눈과 크게 벌린 빨간 입, 힘차게 숫 은 근육 등 무서운 얼굴에다 손에는 큼직한 칼이나 창을 들고 있고, 발로는 고통으로 신음하는 마귀를 밟고 있는 모습으로 나 타나 있다.

원래 사천왕은 고대 인도 종교에서 숭상하던 귀신들의 왕이

사천왕을 모신 법주사의 천왕문(天王門)

었으나 부처님의 제자가 되어 부처님과 불법(佛法)을 지키는 역할을 담당하게 되었다고 한다.

사천왕은 여러 단계인 천상계(天上界) 중에서 가장 낮은 곳에 있는 사천왕천(四天王天)이라는 하늘나라에 살며, 그 나라의 임금인 제석천왕(帝釋天王)의 지시에 따라 사천왕천의 동서남북 네 지역을 관장하는 임무를 맡고 있다.

불교의 우주관에 따르면 이 세계를 크게 둘로 나누어, 하나는 '깨달음의 세계(悟界)', 또 하나는 '미혹의 세계(迷界)'로 나눈다. 이것을 다시 세분해서 십계(十界)로 체계화하고 있다.

① 지옥(地獄)　　② 아귀(餓鬼)　　③ 축생(畜生)
④ 아수라(阿修羅)　⑤ 인간(人間)　　⑥ 천(天)
⑦ 성문(聲聞)　　⑧ 연각(緣覺)　　⑨ 보살(菩薩)
⑩ 불(佛)

이 가운데 ① 지옥(地獄), ② 아귀(餓鬼), ③ 축생(畜生), ④ 아수라(阿修羅), ⑤ 인간(人間), ⑥ 천(天)의 여섯 단계는 사람이 스스로 지은 업(業)에 따라 생사를 거듭하며 끝없이 윤회하는 미혹의 세계이다.

한편 ⑦ 성문(聲聞), ⑧ 연각(緣覺), ⑨ 보살(菩薩), ⑩ 불(佛)의 세계는 오랜 세월 수행한 공덕으로 깨달음을 얻어 윤회의 사슬에서 벗어난 성자(聖者)의 세계인 까닭에 '깨달음의 세계'라고 한다.

미혹(迷惑)의 세계 중에서도 특히 ① 지옥(地獄), ② 아귀(餓鬼), ③ 축생(畜生)은 삼악도(三惡道)라고 하는데, 많은 고통이 따르는 세계라고 한다.

인간의 세계에서 천(天)에 세계에 태어나려면 많은 선업(善業)을 쌓아야 하는데 그 사이에는 여러 단계의 천(天)이 있다.

그러한 천(天) 가운데 사천왕이 사는 사천왕천은 우리 중생들과 가장 가까이 있는 하늘이며, 하늘 가운데 제일 낮은 천에서 살고 있다고 한다.

사천왕이 사는 세계는 많은 십계의 천(天) 가운데 수미산과 사천왕천에 살고 있는데, 한가운데에 수미산이 있고 수미산 꼭대기에 사천왕천이 있으며, 사천왕천에는 그 주인인 제석천(帝釋天)이 살고 있다. 수미산 중턱에 사천왕들이 각각 나라를 만들고 그들의 권속과 함께 살고 있다.

동쪽을 수호하는 지국천왕

수미산 멀리 세계의 끝에는 철위산(鐵圍山)이 병풍처럼 둘러싸고 있는데, 철위산은 철분이 많아서 햇빛을 받으면 붉게 보인다고 한다. 철위산 너머는 우주의 끝이며, 무서운 암흑이라고 한다. 수미산 둘레에는 큰 바다(大醎海)가 있고, 그 바다에는 칠금산(七金山)이라는 산과 팔해(八海)가 있다.

칠금산 너머로 북쪽에 북구노주(北俱盧洲), 서쪽에는

삼지창에게 반배를 한 번 올린다.

서구부주(西瞿浮洲), 남쪽에 남첨부주(南瞻浮洲), 동쪽에 동승신주(東勝身洲) 등 네 개의 대륙이 있는데, 우리 나라와 인도는 남첨부주 안에 속한다고 한다.

사천왕들은 수미산에 살면서 동서남북 사방을 지키고, 불법을 수호하고 불도를 닦는 사람들을 보호하고 있다.

또 사천왕과 그 부하들은 천지를 돌아다니며 이 세상의 선악을 모두 살펴서, 그 결과를 매월 8일에는 사천왕의 부하들이, 14일에는 사천왕의 태자들이, 15일에는 사천왕 자신들이 제석천(帝釋天)에게 직접 보고하는 중대한 일을 하고 있다.

사천왕을 한 분 한 분 살펴보면, 동쪽을 수호하는 분은 지국천왕(持國天王), 서쪽을 관장하는 광목천왕(廣目天王), 남쪽을 관장하는 증장천왕(增長天王), 북쪽을 지키는 다문천왕(多聞天

王) 등이다.

사찰에 이러한 사천왕을 모시는 이유는 다음과 같은 의미가 담겨 있다.

① 사찰을 지키고 수호한다.
② 출입하는 신자들로 하여금 도량 안에는 모든 악귀가 물러난 청정 도량이라는 신성한 마음을 가지게 한다.
③ 불도 수행 과정의 상징적 의미로서 일심의 경지인 일주문을 거쳐 이제 수미산의 중턱인 청정한 경지에 이르고 있다는 뜻을 포함하고 있다.
④ 위압적인 인상을 보고 잡념을 씻어 청정한 마음을 가지라는 의도가 담겨 있다.

처음 대하면 어쩐지 거부감만 느끼게 되는 사천왕들은 사실 착한 사람을 도와주는 고마운 분들이다.

무섭다고만 생각하고 그냥 지나쳐 버리던 사천왕을 지금부터는 다시 눈여겨보고 불도를 이루어서 청정한 부처님의 나라에 들어가는 계기가 되도록 하자.

그런데 이와 같은 사천왕은 신앙의 대상이 될 수 없다. 다만 불법을 수호하기 위한 성스러운 임무를 수행하는 분이니 일주문을 통과할 때처럼 반배를 올리고 지나가는 것이 예절이다.

> ✪ 사천왕문에서
> ① 사천왕은 신앙의 대상은 아니지만 존경의 대상이다.
> ② 문 앞에서 반배를 올린다.
> ③ 사천왕문 안에 들어서면 사천왕에게 반배를 올린다.
> ④ 한 분, 한 분에게 모두 절을 하는 것이 아니라, 좌우 양편에 각각 한 번씩만 절하면 된다.
> ⑤ 사찰 참배를 마치고 돌아올 때도 역시 마찬가지로 절을 하고 돌아와야 한다.
> ⑥ 사천왕에게 동전이나 돌을 던져서 조상(彫像)을 훼손시키지 않는다.

3. 인왕문(仁王門), 금강문(金剛門) 등 기타 여러 문 앞에서

사찰에는 그 사찰의 규모나 특색에 따라 일주문과 천왕문 이외에도 다른 문들이 많이 있다.

인왕님을 모신 문을 '인왕문', 금강 역사를 모신 문을 '금강문'이라고 한다.

인왕(仁王)은 본래 이왕(二王) 또는 집금강신(執金剛神)이라 불렀고, 인도에서 문을 지키는 신이었다.

그 신을 불교가 수용해서 불상이나 사리를 지키는 수문장으로 삼았기 때문에 인왕이라 부르게 된 것이라고 한다.

인왕상은 주로 그림으로 등장하는 경우가 대부분인데, 왼쪽이 주로 밀적금강역사(密迹金剛力士)이고 오른쪽이 나라연금강역사(那羅延金剛力士)이다.

법주사의 금강문

문 안에 모셔진 역사의 상에 반배를 올린다.

밀적금강역사는 금강(金剛)의 무기를 갖고 항상 부처님을 수호하는 야차신 중 한 분이다. 그는 늘 부처님 가까이 있기를 원하며 부처님의 비밀한 사적을 들으려는 원이 가득하므로 밀적

(密迹)이라는 이름이 생겨났다.

나라연금강은 천상에 있는 역사(力士)의 이름으로 그 힘이 코끼리의 백만 배나 된다고 하는데 어마어마하게 힘이 센 분이다.

인왕문에는 주로 두 금강역사를 모셨으나 나라연금강역사나 밀적금강역사 이외에도 다른 많은 역사들이 부처님을 수호하는 경우도 있는데, 인왕문이나 금강문이 마련되지 않은 사찰에서는 대웅전이나 극락전 등 금당의 벽면에 여러 인왕존(仁王尊)의 모습을 그려서 부처님을 수호하도록 하고 있다.

어떤 사찰에는 불이문(不二門)이 마련된 곳도 있다. 사찰로 들어가는 문 중 본전에 이르는 가장 마지막에 있는 문이 불이문이다.

불이(不二)라는 말은 둘이 아니라는 뜻으로 진리 그 자체를

금당으로 통하는 가장 마지막 문인 남장사의 불이문

표현한 말이다. 일체의 두루 평등하고 원만한 진리가 이 문을 통해서 재조명되고, 이 문을 통해야만 진리의 세계인 불국토(佛國土)가 전개된다는 뜻이다.

크나큰 근본 진리는 오직 하나이고 둘이 아니며, 하나를 깨달으면 백 가지에 통할 수 있다는 뜻으로 이 문을 세웠다고 한다(一通百通).

잘 생각해 보면 너와 내가 둘이 아니고 만남과 이별이 둘이 아니며, 시작과 끝이 둘이 아니고 생과 사가 둘이 아니다. 또한 부귀와 가난이 둘이 아니며, 부처와 내가 둘이 아니다. 그 결과는 다르게 보여도 근원을 찾아가면 모두가 하나이지 다를 바 없는 것이다.

생과 사가 다른 듯해도 생이 있으므로 사가 있고, 생 속에는 벌써 사라는 도달점이 내포되어 있는 것이 아닐까. '하루를 살았다'는 것과 '하루를 죽었다'는 말은 사실상 같은 것이 아닐까.

그러므로 진정 이와 같은 이치를 아는 불이(不二)의 경지에 도달하면 불(佛)의 경지에 도달할 수 있을지 모른다.

불이문(不二門)에는 이와 같은 상징적인 의미가 있으므로, 금당과 가장 가까운 곳에 만들고, 그곳을 지나면 금당(金堂, 부처님이 계시는 집)을 바로 볼 수 있는 곳에 세우는 것이다. 불이문에도 금강 역사들의 그림이 있는데, 부처님을 수호하는 역할은 다른 문과 같다.

이 밖에도 사찰에 따라서 여러 이름의 문들이 많이 마련되어 있는데, 정각 이름에 따라 문 이름도 각양각색이다.

해탈문(解脫門), 반야문(般若門), 우화문(雨花門), 성정문(聖情

門) 등 헤아릴 수 없이 많은 문들이 있다. 이들 문 안에는 수행하는 스님들이나 사찰의 보물들이 보관되어 있는 곳도 있으므로 일반 사람들의 출입이 통제되는 경우가 대부분이다.

그러나 만일 스님의 안내로 그 문을 출입하는 경우에는 일주문 앞에서 한 것처럼 반배를 올리고 출입하는 것이 사찰에서의 기본 예법이다.

운문사의 해탈문, 그 안에 수행 도량이 있다.

◎ 문을 지나갈 때

① 문 앞에서 법당을 향해서 반배를 올린다.

② 문안에 역사들의 존상이 안치되어 있으면, 역사에게 반배를 올린다(사천왕문에서와 같은 요령).

③ 닫힌 문은 함부로 열지 않고, 그 문 안에는 스님의 허가 없이 들어가면 안 된다.

④ 닫힌 문 앞에서 큰소리로 스님을 부르지 말고 조용히 누군가가 오기를 기다린다.

4. 큰 법당에서

모든 문을 지나 사찰 경내에 들어와서는 매우 급한 특별한 일이 있는 경우를 제외하고는 가장 먼저 그 사찰의 본당(本堂)에 들어가서 부처님에게 참배를 드려야 한다.

가령 지장전에 기도를 올리러 절에 왔거나 스님에게 볼일이 있어서 절에 왔거나 혹은 법회에 참석하기 위해서 절에 왔든 어떤 목적으로 절에 왔더라도 먼저 그 절의 본당을 참배한 다음 자기가 가려는 곳으로 간다.

대부분의 사찰은 일주문, 천왕문, 불이문 등을 지나서 곧바로 앞으로 나가면 그 절의 넓은 마당에 이르게 된다.

법당 앞마당에 있는 탑에 예배를 드린다.

그 마당에 봉안된 탑전을 만나게 되는데, 이때 탑전에 반배를 한 번 올리면 된다.

법당에 올라가는 계단은 넓은 중앙 계단과 좌우에 마련된 계단이 있는데, 중앙 계단으로 올라가지 말고 좌우에 마련된 계단으로 올라가야 한다. 중앙 계단은 스님들이 다니는 곳이기 때문이다.

만약 법당으로 올라가는 계단이 하나밖에 없을 경우에는 그 계단의 중앙을 지나가지 말고 한쪽으로 올라가야 한다.

이때 스님이나 연장자를 만나면 길을 양보하고, 스님이 지나간 다음에 천천히 올라가도록 해야 한다.

가운데 계단은 스님들이 다니는 곳이다.

법당으로 들어가는 문은 법당 크기에 따라 여러 개가 있는데, 보통 법당의 정면에 큰 중앙문이 있고 양쪽에 작은 문이 마련되어 있다. 그리고 법당 좌우 측면에 작은 출입문이 하나씩 있는데 이 작은 문으로 일반 신도들은 들어가야 한다. 법당 중앙에 있는 큰문은 주지 스님이나 큰스님들이 출입하는 문이기 때문이다.

사찰을 참배하기 위해서 지금까지 걸어온 것을 살펴보면 대략 다음과 같이 하였다.

그리고 이런 과정이 법당에 들어가기 직전까지 불자들이 실행한 일들이다.

산길 통과	·············· 자연 보호
⇩	
장승 만남	·············· 반배
⇩	
부도에 예배	·············· 반배
⇩	
다리를 건넘	·············· 월천공덕을 이룸
⇩	
일주문 통과	·············· 법당을 향해 반배
⇩	
천왕문 통과	·············· 사천왕에게 반배
⇩	
불이문 통과	·············· 법당을 향해 반배
⇩	
사찰마당 통과	·············· 차수를 하고 조용히
⇩	
탑전에 예배	·············· 반배
⇩	
계단을 오름	·············· 중앙 계단을 피함

　법당으로 들어가는 여러 개의 문 중의 가운데 문은, 계단을 오를 때와 마찬가지로 주지 스님이나 큰스님이 출입하는 문이다. 일반 신자들이나 법납이 적은 스님들은 법당 양쪽에 있는 작은 문으로 출입해야 한다.

　법당의 내부 구조는 가운데 상단(上壇)이 마련되어 있고 상단에는 부처님과 보살님을 모시고 있다. 그리고 상단 좌우에 신중단

법당으로 올라가는 계단이 하나밖에 없을 때는 한쪽으로 올라가야 한다.

법당을 향해 계단을 오르는 것은 수행해서 천상으로 올라가는 것을 상징한다.

(神衆壇)이 설치되어 신중 탱화를 모시고 있다. 신중을 모신 단을 중단(中壇)이라고 하며, 법당 한쪽에 영가(靈駕)를 모신 단을 하단(下壇)이라고 한다.

상단의 가장 으뜸인 본존불이 앉아 계시는 곳을 주좌(主座)라고 하는데, 그 주좌의 정면 부분을 어간(御間)이라고 한다.

어간과 통하는 문을 어간문(御間門)이라고 하는데, 이 어간문으로 일반 신도가 출입하면 안 되며 양쪽에 마련된 측면의 문을 이용해야 한다.

좌우 측면에 문이 없는 법당에서는 어간문이 아닌 정면 좌우의 작은 문을 이용해 출입해야 한다.

법당에 들어가기 위해서는 신발을 벗어야 한다. 방에 들어갈 때는 신발을 벗고 들어가는 것이 당연하지만, 요즘은 가옥 양식

법당 가운데 문(어간문)으로 들어가는 큰스님들

과 생활 방식이 달라져 안방에 들어갈 때 이외에는 항상 신발을 벗지 않고 사는 사람이 많아져서 신발 벗는 것을 부담스럽게 생각하는 경향이 있다.

특히 일부 남자들은 신발 벗기가 싫어서 법당에 들어가는 것

마저 주저하기도 하는데 이는 매우 큰 잘못이다.

우리의 전통은 흙 묻은 신발, 온갖 곳을 함부로 다니던 더러운 신발을 벗어 놓고 깨끗한 차림으로 어른 앞에 나가는 것이 예로부터 내려오는 예법이다.

법당 앞에 신발을 벗을 때 우리의 마음을 정돈하고 정성을 모으는 것처럼 벗어 놓은 신발도 법당 앞에 가지런히 정돈해야 한다. 신발 끝이 밖을 향하도록 가지런히 정돈해서 나갈 때 편리하게 신고 가도록 해야 한다.

법당 앞에 신발은 끝이 밖으로 향하도록 가지런히 정돈해야 한다.

법당은 부처님이 계시는 곳이고, 스님과 불자들이 정성을 모아 부처님을 예경하고 정진하는 신성한 장소이므로 항상 최상의 예절을 갖추어야 한다.

그러므로 문을 열 때도 조용히 두 손으로 열며 난폭하게 열거나 소리가 나게 열지 않는다.

그러기 위해서는 왼손으로 오른손목을 받치고 오른손으로 문고리를 잡은 다음, 문을 약간 위로 들어올리면서 천천히 열어야 한다.

문을 연 다음 법당의 왼쪽 문으로 들어갈 때는 왼쪽 발이 먼저 들어가야 하고, 오른쪽 문으로 들어갈 때는 오른발이 먼저 들어가야 한다. 왼쪽과 오른쪽의 방향은 법당 상단에 계시는 부처님을 기준으로 말한 것이다.

만일 법당의 오른쪽 문으로 들어가면서 왼발로 들어가면 내 몸의 정면이 부처님을 바로 향하지 않고 부처님을 순간적으로 등지게 된다. 그러나 오른발을 먼저 내딛게 되면 가슴이 부처님 쪽을 똑바로 향하게 되어 부처님을 내 가슴속에 바로 받아들이는 자세가 된다.

법당 오른쪽 문으로 들어갈 때는 오른발은 먼저 내딛는다.

그러므로 어느 발을 먼저 내딛는가 하는 것은 부처님에게 바치는 내 정성이므로 틀리지 않아야 한다.

법당 안에 들어서면 우선 상단의 부처님을 향하여 합장하고 반배를 올린다. 법당에 들어오는 다른 법우들이 없을 때는 법당에 들어서자마자 그 자리에 서서 곧 부처님에게 반배를 올리지만, 뒤따라 들어올 다른 법우들이 많이 있을 때는 그들의 출입에 방해가 되지 않게 한쪽으로 비켜서서 반배를 올려야 한다.

그리고 부처님에게 향이나 초를 공양하기 위하여 우선 상단 부처님 앞으로 걸어간다. 이때 소리가 나지 않게 발꿈치를 약간 들고 합장한 채 조용히 걸어가는데, 부처님에게 절을 하고 있는 다른 법우들에게 방해가 되지 않도록 각별히 주의하고 그들의 머리맡을 지나지 않도록 한다.

뿐만 아니라 법당의 어간(御間)을 지나지 않으며, 부득이하게 지나

법당 안에 들어서면 상단 부처님을 향하여 반배를 올린다.

가야 할 때는 합장한 채 머리를 숙이고 조용히 지나가야 한다.

부처님에게 초와 향을 공양하기 위해 향과 초를 준비해 왔을 때 이미 다른 사람이 초와 향을 피워 놓았다면 준비한 초와 향을 그대로 불전에 올리고 삼배만 하면 된다고 하는 것은 이미

앞에서 말하였다.

불을 붙이지 않고 올리는 초와 향의 공양이 가져다 주는 공덕
도 불을 붙인 향과 초의 공덕과 조금도 다를 바가 없다는 것을
알아야 한다.

만일 다른 사람이 켠 초와 향이 없다면, 상단 부처님 앞에 나
아가 반배를 올린 다음 촛불을 켜고 향을 한 개만 올린다.

향은 향의 가운데 부분을 오른손으로 잡고 불을 붙이는데 보
통 촛불로 불을 붙인다. 향에 붙은 불을 끌 때는 입으로 불어서
끄지 않고 흔들어서 끈다.

그리하여 향로의 가운데 부분에 받들어 꽂은 다음 다시 반배
를 올리고 뒷걸음으로 세 걸음 정도 물러서서 부처님에게 큰절
로 삼배를 올린다.

법당 안에 계시는 상단 부처님과 보살님.

큰절을 올리는 요령은 앞에서 자세히 설명하였는데, 삼배를 올리기 전에 반배를 먼저 올리고, 삼배의 마지막 절에는 고두례를 올리고 반배를 올려서 삼배의 예를 마친다.

절을 할 때 다른 법우와 몸이 부딪히지 않도록 적당한 장소를 택하고 적당한 공간을 유지해야 하는데 이때 절대로 어간(御間)에 서면 안 된다.

상단 부처에 대한 예경이 끝나면 다음에는 중단(中壇)에 삼배를 올린다. 중단(中壇)은 신중단을 말한다. 불법을 수호하고 불법을 널리 전파하는 신중님들은 보통 탱화로서 모셔져 있다.

중단에 삼배를 올리는 요령은 상단에서 한 것처럼 하면 되는데, 이때 선 자리에서 중단 쪽으로 방향만 바꾸고 그냥 절을 하면 되고 중단 앞까지 나가지 않아도 된다.

하단인 영단에 참배를 할 때는 보통 2배를 올리는 것이 관습인데, 3배를 올려도 잘못은 아니다.

법당 중단에 모셔진 신중 탱화

영단에 모셔진 영가(靈駕)가 모르는 사람이라고 보통 절을 하지 않는 사람들이 많은데, 끝없이 윤회하는 사바 세계에서 이미 과거 세계에서나 미래 세계에서 나와 각별한 인연이 맺어진 사람인지 맺어질 사람인지 우리로서는 알 수 없다.

그러므로 지금은 모르는 사람이라도 사실은 그렇지 않을 수도 있다. 이렇게 생각하면 공손히 절을 하고 싶은 마음이 전혀 없는 것만은 아닐 것이다.

법당 하단에 모셔진 영단

　영단에 절을 할 때도 중단과 마찬가지로 자리를 옮기지 말고 제자리에 서서 방향만 바꾸어 절을 하면 된다. 영가가 만일 자기의 부모 형제이거나 친척, 친지라면 영단 앞에 나가 절을 하는 것이 당연하다. 그러나 명심할 것은 영단에 절을 할 때는 고두례를 안 하는 것이 원칙이다.

　영단까지 참배가 끝나면 다시 상단을 향해서 반배를 올린다.

　이로써 법당 안에서 하는 모든 참배의 예가 끝난다.

　이재 법당을 나가야 하는데 만일 법당 안에 다른 법우들이 남아 있으면 촛불을 그대로 두고 나간다. 그러나 다른 사람이 없고 자기가 마지막 사람이면 반드시 촛불을 끄고 다른 모든 기물을 확인하고 나와야 한다.

불을 끄고 기물을 확인하기 위해서 불전에 나갈 때도 합장을 하고 조용히 발끝으로 걸어가야 하며 촛불 앞으로 한두 걸음 다가가서 반배를 올린 다음 촛불을 끈다. 이때 입으로 불어서 끄지 말고 '촛불 끄개'로 불을 끄도록 한다. 촛불을 끄고 난 다음에도 다시 뒤로 한두 걸음 물러서서 반배를 올린 다음 법당으로 들어간 출입문 쪽을 향해서 뒷걸음으로 걸어나간다.

문 앞에 서서 부처님에게 반배를 올리고 나서 오른쪽 문으로 나갈 때는 들어올 때와 반대로 왼발부터 먼저 나간다. 문을 닫을 때도 열 때와 같은 방법으로 조용히 소리 나지 않게 두 손으로 닫아야 한다.

법당 하단에 모셔진 영단

이로써 법당 참배가 완전히 끝났는데 이를 알기 쉽게 정리하면 다음과 같다.

법당 문을 연다	……… 두 손으로 문을 약간 들고 소리가 나지 않게 한다.

⇩

법당 안으로 들어간다	……… 오른쪽 문으로 들어갈 때는 오른발을 먼저, 왼쪽 문으로 들어갈 때는 왼발을 먼저 내딛는다.

⇩

법당에 들어서서	……… 상단 부처님 쪽으로 반배를 드린다.

⇩

상단 부처 앞으로 간다	……… 발뒤꿈치를 들고 발끝으로 소리 없이 나간다.

⇩

촛불 공양을 한다.	……… 초와 향, 그리고 공양물을 올린다. 다른 사람이 켜 놓은 초와 향이 있을 경우에는 자기가 준비한 초와 향은 불을 붙이지 않고 불단에 올려만 놓는다.

⇩

상단 부처 앞으로 물러선다	……… 합장을 한 채 뒷걸음으로 세 걸음 정도 물러난다.

⇩

삼배를 올린다.	……… 마지막에는 고두례(高頭禮)를 한다.

⇩

중단 신중에게 삼배를 올린다	……… 같은 자리에서 중단 쪽으로 방향만 바꾸어서 절한다.

⇩

| 하단인 영가에게 이배를 올린다 | ……… 같은 자리에서 영가 쪽을 향해서 2배를 하는데 삼배를 해도 좋다. |

⇩

| 촛불을 끈다 | ……… 입으로 불어 끄지 않고, '촛불 끄개'를 쓴다. 다른 기물도 정돈한다. |

⇩

| 출구 쪽으로 간다 | ……… 합장한 채 뒷걸음으로 간다. |

⇩

| 문 밖으로 나간다 | ……… 들어갈 때와 반대로 발을 내딛는다. |

⇩

| 문을 닫는다 | ……… 문을 열 때처럼 한다. |

지금까지 이야기한 것은 집을 나와 절까지 와서 큰 법당에 부처님을 참배하는 과정까지였다. 이 과정은 절을 찾아오는 모든 사람들이 지켜야 하는 필수적인 예법이다.

그런데 절을 찾아오는 목적은 사람마다 다르겠지만 대략 다음과 같이 크게 두 가지로 나눌 수 있다.

- 절을 찾는 목적
  - 관광
  - 신앙

관광을 목적으로 절을 찾은 사람이라도 큰 법당 참배만은 꼭

하는 것이 바람직하다.

우리가 남의 집을 방문하면 우선 그 집안에서 가장 연장자이신 어른에게 인사를 드리는 것이 예의라고 배웠다. 그런데 절집의 가장 큰어른이 바로 큰 법당 상단 부처님이니 당연히 큰 법당에 들어가서 부처님에게 인사를 드려야 하는 것이 마땅하다.

어떤 사람은 부처님은 우상이라 절을 할 수 없다고 억지를 쓰는데, 부처님은 역사적 인물이다.

어느 누구도 역사적인 인물을 우상이라고 하는 사람은 없다. 부처님은 절대 우상이 아니므로 큰 법당에 들어가서 그 절 집의 큰어른께 인사부터 올리는 것이 모든 예절의 근본이라고 하겠다.

큰 법당을 참배한 다음 사람들은 각각 절을 찾아온 나름대로의 목적에 따라 행동하면 되는데 이때에도 예법이 있다.

제 5 장

사찰 관광 예절

불교 신자가 아니더라도 사찰을 찾는 경우가 많다. 이때 사찰
에서 지켜야 할 기본 예절은 무엇일까?
그 바른 예법을 알아본다.

불교 신자가 아니더라도 사찰을 찾는 경우가 많다. 이때 사찰에서 지켜야 할 기본 예절이 무엇인지 알아본다.

1. 사찰 관광의 마음가짐

사찰은 불제자들이 부처님의 가르침을 좇아 불도를 닦고 불법(佛法)을 전파하는 불교의 요람이다.

사찰은 중생의 번뇌와 업(業)을 녹여 모든 괴로움을 없애고 아름다운 부처님의 세계로 인도하는 수행의 도량이다.

관광객도 사찰의 예절을 지켜야 한다.

이것이 사찰의 본질이요 기능이다. 그러므로 사찰을 찾는 모든 사람들과 사찰에 사는 모든 사람들은 한결같이 그 본질을 되새기고 간직해야 한다.

사찰을 관광하는 사람들 또한 이러한 정신을 충분히 이해하고 사찰을 찾아야 할 것이다. 관광객 가운데는 불교도가 아닌 다른 종교를 가진 사람도 있다. 그 사람들도 내 종교가 나에게 중요한 만큼 불교는 불교인에게 한없이 중요하다는 것을 알고 존중해 주어야 한다. 남을 존중하고 이해하고 받들어 주는 것이 예절의 근본이라고 생각한다.

그러므로 사찰을 찾아왔을 때는 사찰에서 지켜야 할 기본 예절을 지켜 주는 것이 미덕이고 교양이다. 불교가 다른 종교를 이해하고 수용하는 것만큼 다른 종교를 가진 사람들도 절에서 모나지 않게 행동하는 것이 진실한 종교인이라고 생각한다. 만일 이러한 마음가짐이 없는 옹졸한 사람이라면 차라리 사찰 관광을 하지 않는 것이 그 사람을 위해서나 다른 사람을 위해서 더 좋을지 모른다.

사찰은 누구에게나 문을 열고 모든 것을 개방하고 있다. 그것은 넓고 크신 부처님의 자비심과도 같으며 불교인의 너그러운 마음과도 같은 것이다.

그러므로 비종교인이든 타종교인이든 누구라도 사찰에 오는 것을 막거나 거부하지 않는다. 뿐만 아니라 사찰을 찾아 달라고 부탁이나 청하지도 않는다. 사찰을 찾는 것은 오로지 찾는 사람 스스로의 결심에 따르는 것이다.

자기 스스로 좋아서 찾아간 사찰에 대해서 불미스럽거나 혐

오감을 주는 행동을 하면 안 된다는 것은 상식이다. 그러므로 누구라도 산문을 들어선 사람은 반드시 사찰의 기본 예절을 지키는 것이 진정한 문화인의 도리이고 사찰을 찾는 사람이 취할 도리일 것이다.

2. 문화의 전당인 사찰

전국토가 치열한 전란으로 몸살을 앓았던 6.25사변을 비롯해서 역사상 많은 전란이 휩쓸고 간 우리 국토에서 그래도 많은 문화재가 비교적 안전하게 보존되고 있는 곳이 바로 사찰이다.

사찰은 모두 산속에 자리잡고 있어서 사람의 왕래가 적었고, 아군이나 적군 모두 불교에 대한 깊은 신앙심으로 성역인 사찰을 침범하지 않았던 탓에 잦은 전란 속에서도 모든 것들이 잘 보존되어 왔다고 생각한다.

그래서 지금도 우리의 사찰에는 유서 깊은 많은 문화재와 볼거리가 있는데, 그러한 보물들은 주의해서 관찰하지 않으면 보이지 않는다.

그러므로 사찰을 찾을 때는 사전에 그 사찰에서 무엇을 볼 것인가 잘 공부한 다음 찾아가는 것이 좋다.

사찰이 지니고 있는 의미는 실로 광대해서 관심을 갖고 관찰하면 너무나 재미있고 깊은 감명을 받게 된다.

관심을 갖고 중점적으로 관찰할 대목을 생각해 보면 대략 다음과 같다.

① 사찰 주변의 산세
② 사찰 주변에 서식하는 동식물
③ 사찰의 당우(堂宇＝집)의 배치와 구조
④ 공포(栱包)와 기둥의 모양
⑤ 불상
⑥ 탑
⑦ 부도
⑧ 벽화
⑨ 탱화
⑩ 나한상
⑪ 주련(柱聯)
⑫ 불구(佛具)
⑬ 계곡과 냇물
⑭ 문과 문살
⑮ 기타 조각품

보물로 지정된 봉장사의 석탑

이상 열거한 것 이외에도 더 많은 관심사가 사찰 경내와 경외에 산재되어 있다. 그리고 그 모든 것은 소중히 보관되어야 하는 우리의 귀중한 문화 유산들이다. 함부로 손을 대거나 훼손하면 안 되고, 우리들이 조상으로부터 물려 받았듯이 우리도 자손들에게 물려 주어야 할 소중한 것이다.

이와 같이 사찰은 신앙의 차원을 넘어 문화재 박물관이라고 생각하고 관찰하면 사찰에 대한 존경심과 소중함이 느껴지리라 생각한다.

특이한 형태의 부도를 조사하는 민속학 교수들

아름다움의 극치를 이룬 돌 향로

3. 관광객이 지켜야 할 사찰 예절

앞에서도 언급했지만 사찰 주변에는 많은 문화 유산과 보물들, 그리고 보호되어야 하는 보호수(保護樹), 보호 동식물, 천연기념물 등이 많이 있다. 법으로 지정된 문화재 말고도, 아직 법으로 지정되지 않은 더 많은 소중한 보물들이 사찰 경내와 사찰 부근에 산재되어 있다.

문화재로 지정되지 않은 광흥사의 오래된 석탑

이와 같은 문화재가 우리의 몰지각한 행동으로 훼손되어서는 안 된다. 그리고 관광객 때문에 열심히 수행하는 스님들이나 신도들의 수행에 지장을 주어서도 안 된다.

그래서 사찰을 관광하는 관광객은 반드시 다음 사항을 지키는 것이 사찰을 관광하는 바른 예절이라고 생각한다.

◘ 관광객이 지켜야할 사찰 관광 예절

① 사찰 경내까지 차를 몰고 들어가지 않는다.
　(사찰에서 지정한 장소에 주차한다.)
② 지나치게 노출되거나 화려한 옷차림은 삼간다.
③ 예불하는 스님이나 신도들의 의식을 구경하지 않는다.
④ 큰소리로 말하거나 시끄러운 소리를 내지 않는다.
⑤ 경내에서는 뛰어다니지 않는다.
⑥ 스님을 만나면 인사한다.
⑦ 스님에게 쓸데없이 말을 걸지 않는다.
⑧ 사찰 행사에 방해가 되는 행동은 하지 않는다.
⑨ 법당 안에서는 사진 촬영을 하지 않는다.
⑩ 침을 아무데나 뱉지 않는다.
⑪ 마련해 온 음식은 경내에서 먹지 않는다.
⑫ 탑이나 법당 계단에 걸터앉지 않는다.
⑬ 휴지나 쓰레기를 함부로 버리지 않는다.
⑭ 사찰의 화장실은 먼 곳에 있으니 미리 다녀온다.
⑮ 닫혀 있는 문은 열지 않는다.
⑯ 출입이 금지된 곳은 절대 들어가지 않는다.
⑰ 경내에서 술를 마시지 않고, 껌을 씹지 않는다.

닫혀 있는 문 안에는 수행하는 스님이 계시니 그 앞에서는 항상 정숙해야 한다.

사찰은 신비로운 산속에 자리잡고 있다. 산의 오묘함도 살펴보는 것이 좋다.

사찰 주변의 우람한 거목과 오래
된 돌담도 관광객이 놓치지 말아
야 할 좋은 볼거리이다.

불상을 훼손하면 안 된다(눈이 도려내진 석조 마애불).

법당 벽이나 기타 사찰 시설물에 낙서를 하면 안 된다.

제 6 장

상단(上壇) 기도 예절

기도의 의의와 바른 절차를 알아보고 절, 염불, 독경, 참선의
공덕이 과연 무엇이며 그 바른 예법을 알아본다.

부처님에게 드리는 치성과 예경은 일반적으로 '기도' 또는 '법회'라고 하는데, 엄격한 구별은 어렵지만 여기서는 개별적으로 부처님 앞에 나가서 예경하는 것은 '기도', 스님의 집전 아래 많은 사람들이 함께 예경하는 것을 '법회'라고 생각하기로 한다. 그리고 '상단 기도'란 법당에 계시는 부처님과 보살님께 드리는 기도라고 정의한다.

1. 기도의 의의와 절차

불교에서 기도는 어떤 소원을 이루기 위해서 바라는 바를 절대자에게 기원하는 것이 아니라 바라는 바를 스스로 이루기 위해 어떻게 하겠다는 자기 스스로의 다짐과 발원(發願)이다. 그러한 발원을 더욱 확실하게 하기 위한 정신 집중의 수행이 기도

기도는 자기의 원을 이루는 수행이고 마음의 다짐이다.

라고 할 수 있다.

부처님에게 예배하고 기도하는 것은 자신 속에 감추어져 있는 불성(佛性)을 찾고, 자신 속에 감추어진 불성에 예배하여 자신이 성불하는 길이 되기도 하는 것이다.

기도하러 절을 찾는 그 마음이 벌써 기도하고 있는 것이다.

그러므로 기도에는 특별한 절차가 있을 수 없지만, 불교의 여러 가지 의례들에 맞추어 생각해 보면 대략 다음과 같은 의의가 있고, 다음과 같은 순서를 지키는 것이 바람직하다고 본다.

기도의 의의

① 기도를 통하여 전생의 업을 청산한다.
② 기도를 통하여 지혜를 얻는다.

③ 기도를 통하여 부처님의 가피력을 입는다.
④ 기도를 통하여 원을 성취할 수 있다.
⑤ 기도를 통하여 깨달음을 이룰 수 있다.

기도의 절차

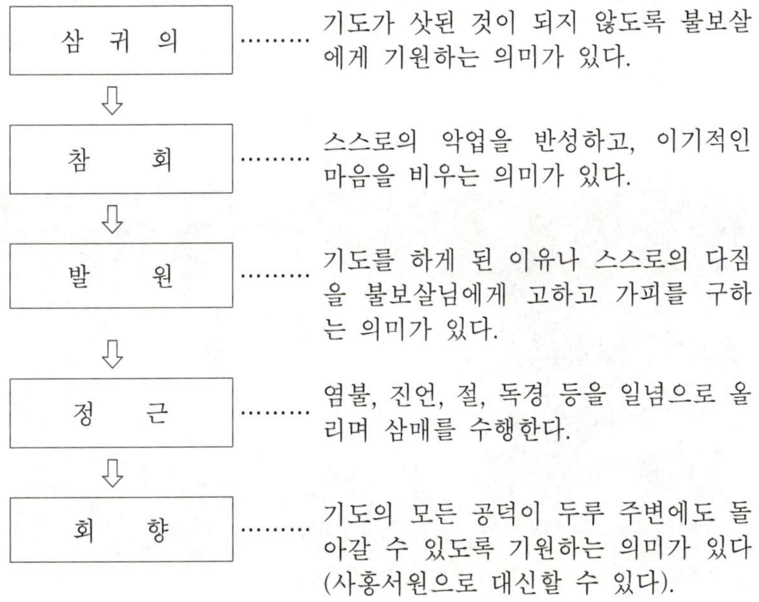

가) 참회(懺悔)

사람이 살면서 죄업을 짓지 않고 살기란 참 어려운 일이다. 그러나 그러한 잘못이라도 스스로 반성하고 다시 그런 잘못을 저지르지 않겠다고 다짐해야 한다.

자기가 잘못으로 저지른 죄보다도 지은 죄를 뉘우치지 않고 합리화하려는 데 더 큰 잘못이 있는 것이다.

그러므로 염불과 기도를 통해서 마음속에 앙금처럼 남아 있는 원망과 분노, 증오 등을 일심으로 기도하고 염불하면서 참회해야 모두 소멸되는 것이다.

과거의 잘못을 뉘우치는 것을 참(懺)이라 하고, 앞으로 닥쳐올 잘못을 미리 예방하는 것을 회(悔)라고 한다. 그러므로 참회란 과거와 미래의 모든 잘못을 뉘우치고 예방하려는 결심이고 다짐이다.

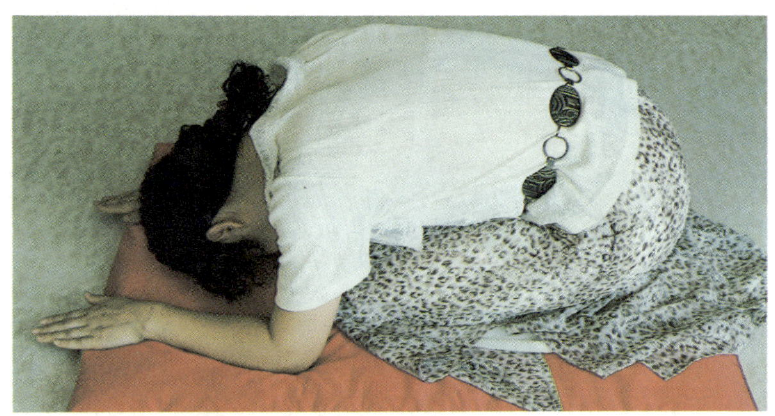

한 번의 절로도 많은 공덕을 짓는다.

나) 절

전생부터 이어온 온갖 죄업과 현생에서 지은 업장들은 너무나 두터워 쉽게 소멸시키기 어렵다.

그러나 일념으로 참회하고 기도하면 이런 업장이 소멸되는데,

참회나 기도 방법 가운데 불·보살님을 향해서 절을 하는 방법이
있다.

한 번의 절에도 공덕이 있으므로 백배, 천배, 만배를 하면 그
수행의 공덕은 한없이 크다. 절을 하면 신체의 관절이 순리대로
꺾이듯 자신의 모든 아만이 저절로 꺾이게 되고 경건한 마음이
저절로 일어나게 되는 것이다.

절을 함으로써 얻어지는 공덕에 대해 법원주림(法苑珠林) 권
20에서 일곱 가지 공덕을 말하고 있는데, 아만교심례(我慢教心
禮), 창화구명례(唱和求名禮), 심신공경례(心身恭敬禮), 발지청
정례(發智淸淨禮), 편입법계례(編入法界禮), 정관수성례(正觀修
誠禮), 실상평등례(實相平等禮) 등이다.

이를 알기 쉽게 풀이하면 다음과 같다.

◈ 절을 함으로써 얻어지는 공덕

① 부처님에게 최고의 존경을 바치는 공덕이 있다.
② 악업을 뉘우치게 되고 선업이 증진된다.
③ 신심의 수련으로 정신 통일이 된다.
④ 신체적 활동으로 건강 증진과 질병 예방이 된다.
⑤ 수행을 실천하는 인내심이 생긴다.
⑥ 업력의 장애를 땀으로 녹여 버리는 효과가 있다.
⑦ 아만심을 깨고 평등심을 얻을 수 있다.
⑧ 예배의 대상과 자타불이(自他不二)임을 체득하게 된다.
⑨ 한 부처님에게 절을 함으로써 여러 부처님과도 통하는 예
    불이 된다.
⑩ 부처님에게 절을 하는 것이 바로 자신에게 갖추어진 자신
    의 불성에게 절을 하는 것과도 같다.

다) 염불

염불이란 불타(佛陀)를 염(念)한다는 뜻이다. 그리고 불도 수행의 기본적인 행법(行法) 중 하나인데, 이를 엄격히 나누면 다음과 같은 세 가지가 있다.

① 이법(理法)으로서 불타를 염(念)하는 법신(法身)의 염불(念佛)
② 불타의 공덕이나 불타의 상(相)을 마음에 떠올려서 보는 관념(觀念)의 염불(念佛)
③ 불타의 이름을 입으로 부르는 칭명(稱名)의 염불(念佛)

그러나 이들은 서로 독립된 것이 아니고 서로 의존하고 서로 관계가 있어서 칭명의 염불을 하면서 법신의 염불을 겸할 수도 있고, 관념의 염불을 하면서 칭명의 염불을 할 수도 있다.

그러므로 대승(大乘)에서는 삼매(三昧)에 들어가서 염불하는 염불삼매의 법을 설하여 이 염불삼매에 의해서 죄를 멸하고, 정(定) 중에 불타를 본다고 하였다.

또 불국토(佛國土)에 태어나고자 원하고 불타를 염하면 불국토에 태어난다고 하였다(念佛往生). 그래서 높은 소리로 염불을 하면 한없는 공덕을 얻게 되는데 그 공덕이 어떠한 것인지 불자들은 확실히 알고 항상 깨끗한 마음으로 성심껏 염불을 해야 한다.

높은 소리로 염불하는 것을 들으면, 염불하는 사람도 자신이고 그 소리를 듣는 사람 또한 내가 되므로, 원을 세워서 염불하는 타력신앙적(他力信仰的) 기원이 자력신앙(自力信仰)으로 승화되는 것이다.

장엄념불(莊嚴念佛)의 공덕은 말로 다 표현할 수 없지만 이를 간추리면 대략 다음 열 가지로 정리 할 수 있다.

◈ 염불의 열 가지 공덕

① 졸음을 없애 주는 공덕이 있다(一者功德能排睡眠).

② 하늘 마구니가 두려워하고 놀라서 도망가므로 공적이 크다(二者功德天魔驚怖).

③ 염불 소리가 시방(十方)에 두루 퍼지는 공덕이 크다(三者功德聲遍十方).

④ 염불을 함으로써 삼도(三途)의 고통이 쉬게 되므로 그 공덕이 매우 크다(四者功德三途息苦).

⑤ 다른 소리들 듣지 않는 공덕이 있다(五者功德外聲不入).

⑥ 마음을 흩어지게 하지 않는 공덕이 있다(六者功德念佛心不散).

⑦ 용맹스러운 정진을 성취하는 공적이 있다(七者功德勇猛精進).

⑧ 모든 부처님을 기쁘게 하는 공덕이 있다(八者功德諸佛歡喜).

⑨ 삼매가 뚜렷이 드러나는 공덕이 있다(九者功德三昧現前).

⑩ 극락정토에 태어나는 공덕이 있다(十者功德往生淨土).

이와 같이 염불이 공덕은 말로 다할 수 없을 정도로 크다.

염불은 이상에서 말한 것과 같이 불교 신앙의 근간을 이루는 것이며 수행의 기본이다. 그러므로 염불 신앙을 더욱 원만히 이루기 위해서 염불하는 사람은 어떤 마음가짐으로 염불해야 할

염불로서 부처님과 마음으로 만나 가피력을 받는다.

것인가 하는 문제가 매우 중요하다.

남을 미워하거나 저주하는 마음으로 염불하거나 자기의 이익이나 탐욕을 이루기 위해 기복적으로 염불한다면 그 염불은 별로 큰 공덕이 없는 염불이 될 것이다.

보적경(寶積經)에는 염불하는 사람의 마음가짐에 대해서 다음과 같이 잘 설명해 놓았으니 이를 알아보고, 순일(純一)한 마음으로 열심히 염불을 해서 진정한 염불의 공덕을 잘 이루도록 해야겠다.

첫째, **무손해심**(無損害心) : 누구를 저주하거나 누구에게 벌을 주라고 기원하는 마음으로 염불을 해서는 절대 안 된다.

둘째, **무핍뇌심**(無逼惱心) : 심신(心身)이 안정되어 모든 중생에게 대비(大悲)한 마음을 항상 일으켜 중생을 고통으로부터 해탈시키겠다는 마음으로 염불해야 한다.

셋째, **수호심**(守護心) : 염불하는 사람은 부처님이 말씀하신 정법(正法)을 아낌없는 신명으로 수호하고 사랑한다는 마음으로 해야 한다.

넷째, **무집착심**(無執着心) : 염불하는 사람은 항상 지혜로써 일체의 법을 관찰하여 어느 한 가지 사물에 고집하여 집착하지 않는다.

다섯째, **기정의심**(起淨意心) : 염불하는 사람은 세간의 모든 이익과 명리를 떠나 항상 스스로 만족할 줄 아는 청정한 마음을 내어서 해야 한다.

여섯째, **무망실심**(無忘失心) : 염불하는 사람은 정토(淨土)에 태어나기를 구하며 어느 때나 부처를 생각하고 염(念)하며 잠시도 불종지(佛種智)를 놓지 않아야 한다.

일곱째, **무하열심**(無下劣心) : 염불하는 사람은 항상 평등한 마음으로 행동하며 모든 중생을 존중하고 공경하며 경만(輕慢)한 마음을 내지 않아야 한다.

여덟째, **생결정심**(生決定心) : 염불하는 사람의 마음은 세속에 잡다한 일에 쏠리지 말고 오로지 위없는 무상보리(無上菩提)를 바르게 얻는 데 전념해야 한다.

아홉째, **무잡염심**(無雜念心) : 염불하는 사람은 닦고(修) 익히며(習) 갖가지 모든 선한 마음을 일으켜 일체 번뇌와 잡념(雜念)을 모두 떨어버리도록 해야 한다.

열째, **기수념심**(起隨念心) : 염불을 열심히 한 공덕으로 비록 부처님의 상호를 보았다 하더라도 부처님의 거룩한 상(相)에 애착하는 마음을 내서는 안 되며, 무념한 가운데 항상 부처님을 염(念)하여야 한다.

세계 모든 사람들이 부처님을 일념으로 예경하면 현세가 바로 불국토가 된다.

라) 독경(讀經)

경전 읽기에는 두 가지 경우가 있는데, 경전의 내용을 공부하기 위해서 읽는 경우와 수행과 기도를 위해서 읽는 경우가 있다.

수행과 기도를 위해서 읽는 경우를 독경(讀經) 또는 전경(轉經)이라고도 하는데, 전경이라는 말은 법문(진리)을 굴린다는 뜻에서 온 말이다.

부처님의 말씀에 온 마음을 쏟고, 감사하고 환희로운 마음으로 목소리를 내어 일념으로 경전을 읽으면 한없는 공덕을 이루게 되는 것이다.

경전에는 그 속에 부처님의 한없이 크신 법문이 담겨 있다. 독경을 하면 법문을 열고 법문의 광명을 굴리는 뜻이 있으니 경전을 통하여 얻어지는 참된 부처님의 목소리를 듣게 되는 것이다.

경전을 읽는다는 것은 내가 경전을 읽고 내가 목소리를 내지만 일념으로 독경을 하여 그 독경을 통해서 부처님의 목소리를 듣는다는 의의가 있다. 그러므로 독경의 공덕은 한없이 크고 가없는 것이다.

독경은 물론이지만 경전(經典)이나 율장(律藏) 등을 공부하기 위해서 읽을 때에도 향을 피우고 바로 앉아서, 부처님을 뵈옵고 부처님의 가르침을 듣는 마음가짐으로 읽어야 한다.

심심풀이나 재미로 읽은 서적처럼 아무렇게나 앉아서 읽거나 비스듬히 누워서 읽으면 안 된다. 즉 독경을 할 때는 반드시 지켜야 하는 기본 예절이 있다.

우선 독경을 할 때는 고요하게 앉아서 입정(入定)을 하고 게송을 외운 다음 해야 한다. 게송은 소리를 내서 읽어도 좋고 소리를 내지 않고 마음속으로 외워도 된다.

독경 예절을 정리하면 다음과 같다.

◎ 독경을 하는 바른 예절
① 손을 깨끗이 씻고 양치를 한 다음 경전을 대한다.
② 부처님에게 예경한다(삼배).
③ 향을 피운다.
④ 독경 전에 한동안 좌선이나 염불을 해서 마음을 모은다.
⑤ 게송을 외운다.
⑥ 경전에 합장하는 마음으로 읽는다.
⑦ 서두르거나 너무 큰소리를 내지 않는다.
⑧ 모든 망념을 끊고 오직 경전에만 마음을 모아 읽는다.
⑨ 독경은 빠르지도 않고 느리지도 않게 읽어야 한다.

⑩ 청정한 마음으로 정중하게 반복하여 독송한다.
⑪ 다 읽은 다음 경전을 닫고 합장 반배를 올린다.
⑫ 경전을 부처님 앞이나 경함에 잘 보관한다.

◈ 독경을 하기 전에 외우는 게송

開經偈(개경게)

無上甚深微妙法(무상심심미묘법)
百千萬劫難遭遇(백천만겁난조우)
我今聞見得受持(아금문견득수지)
願解如來眞實義(원해여래진실의)

위 없이 심히 깊고 미묘한 이 법문
백천만 겁을 지나도 만나기 어려운데
나 이제 듣고 보고 받아 지니니
원컨대 부처님의 진실한 뜻 알지이다.

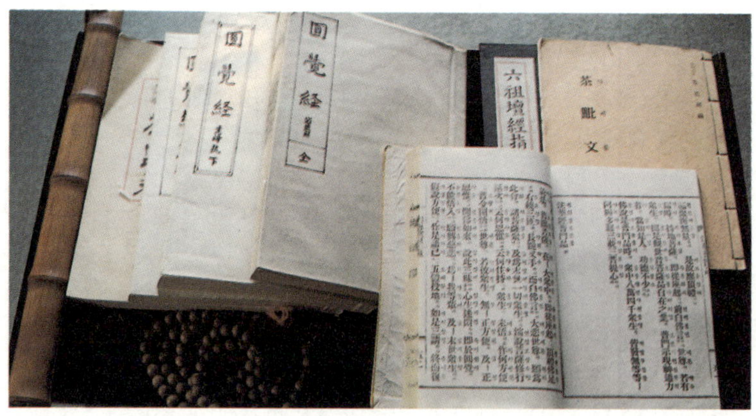

독경을 통해서 부처님의 소리를 들을 수 있다.

마) 참선

참선은 화두(話頭)를 갖고 불도를 수행하는 선정(禪定)의 한 방법이다. 몸가짐과 마음가짐을 안정시킨 가운데 불법의 큰 뜻을 알기 위해 자기가 지닌 내면의 진여(眞如) 속으로 깊이 파고드는 수련법이다.

참선은 원래 인도의 선정 사상에서 유래되었고 인도어로는 선나(禪那)라고 하는데, 조용히 생각한다는 뜻이다.

조용히 생각한다는 것은 진리가 무엇인지 알려고 하는 마음과 안정된 정신 상태, 즉 선정을 일치시켜 정혜(定慧)를 함께 닦는 것을 뜻한다.

참선은 화두를 들고 하는 것이므로 일단 화두를 믿고 의지해야 한다. 화두는 갖가지 삿된 생각이 끊긴 경계이므로 단순한 생각으로는 알 수 없는 깊은 경계이다.

참선을 수행 중인 스님들

선이라고 하면 누구나 다 묵묵히 앉아서 참선하는 좌선상(坐禪相)을 연상하게 된다. 좌선의 좌법에도 여러 가지가 있는데 결가부좌(結跏趺坐), 반가부좌(半跏趺坐) 또는 항마좌(降魔坐), 길상좌(吉祥坐) 등이 있다. 그 가운데서 정통의 좌법은 바로 결가부좌(結跏趺坐)인데 가(跏)는 '도사리고 앉을 가', 부(趺)는 '앉을 부'라는 글자이므로 결가부좌란 '책상다리를 하고 앉는다'는 뜻이다.

법당에서 참선을 할 때는 다음 사항을 지켜야 한다.

◎ 참선 예절
① 부처님에게 먼저 예불한다.
② 다른 법우들의 참배에 방해되지 않도록 조용한 장소를 택한다.
③ 시간 계획을 잘 세워 사찰 행사에 방해가 되지 않게 한다.
④ 사전에 스님과 상의해서 자세한 지도를 받는다.

2. 각단 기도(各壇祈禱)

위에서 설명한 기도 방법 가운데 자기가 원하는 방법을 선정해서 상단 부처님에게 기도를 올리는데, 각 단마다 조금씩 다른 기도의 의의와 염불에 대해서 알아본다.

가) 대웅전(大雄殿) 기도

대웅전은 석가모니 부처님을 주불로 모신 전각이다.

대웅전에서는 좀더 큰 소원을 위해 기도 드린다.

우리 나라 대부분의 사찰은 대웅전이 없는 곳이 없다. 뿐만 아니라 규모가 대웅전뿐인 작은 사찰도 많다. 그러므로 대웅전에서는 석가모니 부처님에게만 기도를 올리는 것이 아니고 모든 불보살님에 대한 기도를 올릴 수 있다.

별도로 지장전이나 관음전이 없는 사찰에서는 대웅전에서 지장기도나 관음기도 등을 할 수 있다.

◈ 석가모니 부처님에게 기도하는 의의

① 자기의 성불을 위한 대원(大願) 성취.

② 사홍서원 성취.

    Ⅰ. 모든 중생을 맹세코 제도하려는 소원.

    Ⅱ. 모든 번뇌를 다 끊으려는 소원.

    Ⅲ. 모든 법문을 다 배우려는 소원.

    Ⅳ. 모든 불도를 다 닦으려는 소원.

③ 자기 인격 완성과 밝은 지혜 성취.

> ◈ 대웅전에서 석가모니 부처님에게 기도할 때 드리는 염불
>
> 나무 영산 불멸 학수쌍존 시아본사
> 석가모니불 석가모니불 석가모니불 석가모니불 석가모니불
> 석가모니불 석가모니불……(108번이 기본)

항마촉지인을 하신 석가모니 부처님

이상과 같이 '석가모니불'을 염불하되 108번이 기본이고 1000번을 할 때도 있는데, 이때 법당에 배치되어 있는 '천주'를 굴리면서 염불하면 편리하다.

염불이 끝나면 마음을 모아 삼배를 드리고 기도를 마치면 된다.

나) 관세음보살 기도

우리 나라 불교 신앙의 가장 보편적이고 가장 많이 하는 기도가 관음기도라고 할 수 있다.

석가모니 부처님의 교법이 자기 발전과 자아 완성이라면 관세

음보살은 병든 사람에게 약을 주고, 고통이 있는 사람에게 고통
을 덜어 주는 자비의 보살이다.

자비의 화신 관세음보살

그러므로 관세음보살은 항상 우리 중생에게 친근하고, 중생의 가장 아픈 곳을 잘 살펴서 중생고를 건져 주시므로, 모든 중생은 관세음보살을 마치 어머니처럼 따르고 있다.

구마라습 화상이 번역한 '묘법연화경'에 있는 '관세음보문품경'을 보면, 관세음보살을 생각하면 불 속에 떨어져도 타지 않고, 물에 빠져도 죽지 않고, 야차라 하더라도 해칠 수 없고, 칼날이나 막대기로 얻어맞게 되더라도 그 칼과 막대기가 도리어 꺾이며, 모든 공포심을 없게 하며 욕심과 성냄도 없게 하고, 자식을 뜻대로 얻으며, 또한 관세음보살의 이름을 한 시간이라도 모셔 가지면 62억 항하사(恒河沙) 모래알처럼 많은 보살 이름을 모셔 가지는 것과 같다고 하였다.

그러므로 고달픈 우리의 삶을 스스럼없이 호소하고, 우리가 겪는 모든 고통을 다 건져 달라고 기원하고 의지할 수 있는 대상이 바로 관세음보살이다.

> ◙ 관세음보살 기도의 의의
> ① 현세에서의 복락 성취.
> ② 모든 중생고 해결을 기원.
> ③ 난치병 치유.
> ④ 가택 평안.
> ⑤ 자식을 얻고자 하는 소원.
> ⑥ 자기 마음의 평안.
> ⑦ 부모의 건강과 장수.
> ⑧ 기타 모든 인간적인 고민 해결.

> ◙ 관세음보살께 기도드릴 때의 염불
>
> 나무 보문시현 원력홍심 대자대비 구고구난
> 관세음보살 관세음보살 관세음보살 관세음보살 관세음보살
> 관세음보살 관세음보살 관세음보살……(108번이 기본)

이상과 같이 '관세음보살'을 염불하되 108번이 기본이고 1000번 3000번을 할 때도 있는데 이때 법당에 배치돼 있는 '천주'를 굴리면서 염불하면 편리하다.

일념으로 관세음보살을 염하여 흐트러짐이 없으면 염불삼매에 들어가서 관세음보살을 친견할 수 있고 커다란 가피력을 입을 수 있다고 한다.

염불이 끝나면 조용히 삼배를 드리고 기도를 마치면 된다.

다) 지장전(명부전) 기도

지장보살은 도리천에서 석가여래의 부촉(付囑)을 받고 매일 아침 선정에 들어 중생의 근기를 관찰하다가 석존(釋尊)이 입멸한 뒤부터 미륵불이 출현할 때까지 육도(六道)에 나타나 천상에서 지옥까지의 모든 중생을 교화하는 대자비의 보살이다.

지장기도를 올리는 스님

지장보살은 다른 보살처럼 성불(成佛)할 것을 바라지 않고 일부러 자기의 혹업(惑業)을 남겨 지옥 등 육도(六道)에 가서 중생의 괴로움을 대신 받고, 그 중생들이 모두 성불할 때까지 자신은 성불하지 않고 지옥 중생을 위하여 교화하겠다는 서원을 세

140

웠다. 지금도 지옥에서 고통받는 중생의 고통을 덜어주며 그들의 성불과 해탈을 위하여 정진하고 있다.

그러므로 나이 많은 노인들은 지장보살을 많이 부르게 하는데, 이는 모두 지장보살이 가진 구원의 성스러운 힘에 의지하라는 뜻이다. 지장 기도를 드리는 의의에 대해 '지장경' '지신호법품 제11'에 다음과 같이 나타나 있다.

지옥의 중생까지도 구제하려는 지장보살

✿ 지장 기도의 의의

① 토지에 풍년이 들 것을 기원.　② 가택의 영원한 평안.
③ 장차 천상에 태어날 것.　④ 모든 가족들의 수명 연장.
⑤ 구하는 것이 뜻대로 얻어짐.　⑥ 물과 불의 재앙이 없어짐.
⑦ 헛되이 소모되는 것이 없어짐.　⑧ 나쁜 꿈을 꾸지 않음.
⑨ 출입할 때 모든 신들이 보호.　⑩ 성스러운 인연을 많이 만남.
⑪ 죽은 조상의 넋을 천도.　⑫ 전생의 업장 소멸.

✿ 지장 기도 때의 염불

나무 남방화주 대원본존
지장보살 지장보살 지장보살 지장보살 지장보살 지장보살
지장보살 지장보살……(108번이 기본)

이상과 같이 '지장보살'을 염불하되 108번이 기본이고 1000번 또는 3000번을 할 때도 있는데, 이때 법당에 배치되어 있는 천주를 굴리면서 염불하면 편리하다. 염불이 끝나면 마음을 모아 삼배를 드리고 기도를 마치면 된다.

라) 아미타불 기도

사람은 누구나 살아서 잘 살기를 바랄 뿐만 아니라 죽어서도 고통스러운 지옥에 떨어지지 않고 안락한 극락 세계에 태어나기를 바라고 있다.

극락을 상징하는 극락전과 아미타불

극락이란 즐거움만 있는 곳이며, 그 즐거움은 모두 극락의 임금인 아미타불의 오랜 소원과 공덕에 따라 이룩된 나라이다. 극락 세계는 여기서 서쪽으로 한없이 많은 나라를 지나서 한없이 먼 곳에 있는 나라인데, 현재도 아미타불이 그곳에서 설법을 하고 있다.

극락 세계에 태어나는 사람은 몸과 마음에 괴로움이 없고 오직 즐거움만 넘쳐흐른다. 극락 세계에는 깨달음을 이룬 사람도 무수히 많고, 다음 생에 부처가 될 사람도 많이 있는 좋은 나라이며, 질병과 미움, 싸움과 배고픔, 춥고 더움이 없는 절대 평화와 행복이 넘치는 나라이다.

그래서 다음 생에 극락 세계에 태어나고자 하는 것은 모든 사람들의 소망이다. 사찰의 극락전은 바로 이러한 극락 세계를 묘사한 전각이며, 대웅전 다음으로 많이 있는 전각이다.

극락전의 주불(主佛)인 아미타불(阿彌陀佛)은 자기의 이상을 실현한 극락 세계에서 늘 중생을 위해서 설법을 하고 있는데, 이를 상징하는 뜻으로 극락전을 '아미타전(阿彌陀殿)'이라고도 하고, 극락 세계에서는 수명이 무량하므로 '무량수전(無量壽殿)'이라고도 한다.

아미타불은 아득히 먼 옛날에 법장(法藏)이라는 이름을 가진 보살이었다. 그는 최상의 깨달음을 얻으려는 뜻을 세우고 살아 있는 모든 자를 구제하고자 48가지의 원을 세워 한없이 긴 세월 동안 고된 수행을 했다.

그리하여 그 원을 모두 이루어서 극락 세계를 완성하고 극락 세계의 임금이 되었다. 바로 지금으로부터 10겁(劫) 이전의 일이다.

극락의 하늘에서는 늘 음악이 은은히 들려 오고, 땅은 황금색으로 아름다우며 주야로 세 번씩 천상에서 향기로운 꽃이 떨어진다. 백조와 앵무새 공작 등이 노래를 부르는데 그 노래가 바로 부처님의 가르침을 전하는 노래이다. 늘 비천과 학이 날며 하늘은 아름다운 오색 구름으로 덮여 있다.

일념으로 나무아미타불을 염불하는 노보살

이상과 같은 극락은 아미타불의 48원이 성취되어 극락 세계가 이루어졌는데, 아미타불은 그 소원을 이루기 위해서 10겁(劫)의 세월 동안 수행을 했다고 한다.

그와 같이 한없는 아미타불의 공덕 덕택으로 극락이 만들어졌고, 우리는 극락에 갈 수 있는 것이다. 그래서 우리 나라에서는 오래 전부터 아미타불 신앙이 크게 번성하였다.

고색 찬연한 도리사의 극락전

◙ 아비타불 기도의 의의
① 성불하기 위한 소원 성취.
② 아귀, 축생 등 삼악도(三惡道)의 불행에 떨어지지 않으려는 원.
③ 번뇌의 근본이 되는 '나', '내 것'이라고 고집하는 마음의 해탈.
④ 장수의 소원.
⑤ 자신이 죽었을 때 아미타불의 영접을 받으려는 소원 성취.
⑥ 건강한 생활 성취.
⑦ 풍요로운 재복 성취.
⑧ 몸과 마음이 부드러워지기를 원하는 소원.

◙ 아미타불 기도할 때의 염불

나무 서방교주 아미타불
나무아미타불 나무아미타불 나무아미타불 나무아미타불
나무아미타불 나무아미타불……(108번이 기본)

이상과 같이 '나무아미타불'을 염불하되 108번이 기본이고 1000번 또는 3000번을 할 때도 있다. 이때 법당에 배치되어 있는 '천주'를 굴리면서 염불하면 편리하다. 염불이 끝나면 마음을 모아 삼배를 드리고 기도를 마치면 된다.

아미타불은 '어떤 중생이라도 내 국토에 태어나기를 원하면 열 번만 내 이름을 부르면 그렇게 될 것이다'라고 하였다.

그러므로 나무아미타불의 명호를 염불하는 공덕은 실로 한없이 큰 것이니 나무아미타불의 염불을 일념으로 하면 자신을 위해서나 가족, 민족을 위해서 큰 공덕이 있다.

우리는 누구나 사람은 반드시 죽는다는 사실을 잘 알고 있다. 그러나 자기도 죽는다고 하는 사실, 즉 자기의 죽음에 대해서 심각하게 생각해 본 사람은 별로 없다.

아미타불은 '어떤 중생이라도 내 국토에 태어나기를 원하면 열 번만 내 이름을 부르면 그렇게 될 것이다 '라고 하였다.

다른 사람은 죽어도 자기는 죽지 않고 영원히 사는 것처럼 착각하고 있다. 만일 나도 남처럼 죽어야 하고 그 죽음은 먼 곳에 있지 않다고 생각한다면 일상 생활을 더 너그럽고 인자하고 양보하며 살 수 있으리라 생각한다.

미움도 다툼도 원수도 없을 것이며 명예와 재산에도 지나친 집착이 없을 것이다. 하루하루의 생활을 더 값지게 살며, 늘 감사하는 마음으로 살아갈 것이다.

그리고 내가 갈 영원한 나라에 대해서도 가끔 생각해 보게 되고, 아미타불에게 더 진지한 마음으로 귀의(歸依, 의지)하고 예배하게 되리라 생각한다.

제 7 장

중단(中壇) 기도 예절

신중기도와 산신기도, 독성기도는 우리들에게 과연 어떤 공덕을 지어 주는 것이며, 그 기도의 바른 절차와 예법은 무엇인지 알아본다.

상단 기도가 우리 중생이 갖는 원칙적인 큰 원을 기원하는 곳이라면, 중단 기도는 더욱 인간적이고 실질적이며, 구체적이고 간절한 소망을 기원하는 곳이다.

사업 번창, 부부 화합, 자식 진학 등 생활과 직결된 사소한 일들은 상단 부처님에게 기원하기가 송구스럽다. 그래서 이러한 기도는 중단에서 하게 되는 것이다. 절에는 부처님과 보살님 외에도 많은 신들이 있다. 그분들을 모신 당우도 많은데, 바라는 원에 따라 기도하는 단각도 달라진다. 이제 이를 살펴보기로 한다.

1. 신중 기도(神衆祈禱)

불보살을 수호하는 인왕상.

고요한 산사를 찾아가면 가장 먼저 눈에 띄는 것이 양쪽 문 앞에 험상궂은 얼굴로 서 있는 인왕상(仁王像)과 천왕문 안에 갑옷을 입고 이상한 무기를 손에 들고 서 있는 사천왕일 것이다.

그리고 탑이나 부도(浮屠) 표면, 혹은 명부전 입구에서 주먹을 쥐고 막 내리칠 것만 같은 자세를 취하고 있는 인왕상을 우리는 흔히 볼 수 있다.

그뿐만 아니라 불전(佛殿) 안에도 여러 가지 무기를 든 신중들이 그려진 탱화가 걸려 있는데, 이들은 바로 부처님의 정법(正法)을 수호하고 사찰을 호위하는 신장상들이다.

불교에서는 부처님과 보살 외에 범천, 제석천, 사천왕, 인왕, 팔부중(八部衆) 등 수많은 호법신장(護法神將)들이 있는데, 팔부중이란 천(天), 용(龍), 야차(夜叉), 아수라(阿修羅), 건달바(乾闥婆), 긴나라(緊那羅), 가루라(伽樓羅), 마후라가(摩睺羅伽) 등을 말하고 이들을 일컬어 신중(神衆)이라고 한다.

이들 신중들은 원래 불교 발생 이전의 고대 인도 신화 속에 나타난 신들이지만 부처님께서 세상에 오시자 부처님에게 귀의해서 불법(佛法)을 수호하는 호법선신(護法善神)이 되어 불교의 전래와 함께 우리 나라에 들어오게 되었다.

그러므로 사찰에서는 위에서 말한 대로 사찰 입구나 탑에 모실 뿐만 아니라 부처님이 계시는 법당 안에 탱화로 모셔서 부처님과 불법을 수호하게 한다.

가) 신중 기도의 의의

언제부터 신장님에 대한 신앙이 시작되었는지 정확하게 알 수 없으나 삼국 초기 불교의 전래와 함께 시작된 것으로 추측하고 있다. 신중님들은 부처님과 보살님에 비하여 인간들과 더 가깝고 친근한 신이므로 인생고를 더 잘 이해하는 미더운 신으로 생각된다.

모든 무서움과 두려움에서 인간을 잘 지켜 주는 신으로 믿어 왔기 때문에 더욱 인간적인 것을 빌고 바랄 때는 신중님을 찾게 되는 것이다. 이는 마치 엄격한 부모에게 고민과 애로를 하소연하는 것보다 선배나 형들에게 어려움을 털어 놓는 것이 더 미더운 것과 같은 뜻이다.

뿐만 아니라 과격하고 무서운 그들의 성격만큼이나 모든 소원을 빠르

법당에 안치된 신중 탱화

게 처리해 주는 신이기에 집안의 안위와 병마에 대한 보호, 사업 번창, 재산 증식 등 부처님에게 바라기 송구스러운 일들이라도 신중님에게는 스스럼없이 빌고 바란다.

나) 신중 기도의 시기와 방법

신중 기도의 시기는 큰 법당을 참배할 때 언제라도 개별적으로 할 수 있으나 사찰에서 정한 날짜는 다음과 같다.

① 매월 초하룻날에서 초삼일까지
② 매년 정초 약 7일간

신중 기도를 할 때도 우선 큰 법당 상단 부처님에게 삼배를 올리고 신중단 앞에 나아가 초와 향을 올린 다음, 정성껏 마련해 온 공양물을 올리고 큰절을 삼배 올리면 된다. 만일 스님께서 의식을 집전하시면 스님이 지도하시는 대로 따르면 된다.

신중단 앞에서 기도를 하는 법우.

◎ 신중기도 예절
① 큰 법당 상단 부처에게 예경하고 신중단 앞으로 간다.
② 기도하기 전에 미리 용변을 보고 손을 씻는다.
③ 양치를 하여 입을 깨끗이 하며, 마음을 안정시킨다.
④ 남이 피운 초나 향이 타고 있을 때는 그것이 다 탄 다음에 초나 향을 한 자루만 올린다.
⑤ 기도 중 자리를 뜨지 않는다.
⑥ 복장을 단정히 하고 기도 중 소매를 걷거나 웃옷을 벗지 않는다.
⑦ 기도 중 껌을 씹거나 음식을 먹지 않는다.
⑧ 술을 마시고 기도하지 않는다.
⑨ 옆 사람과 잡담하지 않는다.
⑩ '화엄성중(華嚴聖衆)'이라고 염불한다. 보통 하루 8시간 정도 정근하며 이는 사분정근(四分精勤 03~05, 09~11, 14~16, 18~20시로 나누어 정근)에 따른다.
⑪ 보통 사찰에서 신중단에 참배할 때는 삼배를 올리는 것이 기본이다.

2. 삼성 기도(三聖祈禱)

삼성각은 산신(山神)과 칠성신(七星神), 나반존자(那般尊者)를 모신 전각이다.

사찰에 따라서는 산신님이나 칠성님을 별도로 모신 곳도 있으나 일반적으로 세 분을 함께 모시는 경우가 많다.

앞에서 말한 신중님들이 인도 고대의 전설적인 신들이라면 산신, 칠성, 용왕님들은 모두 우리의 토속신들이다.

가) 산신 기도(山神祈禱)

산신(山神)은 오래 전부터 전해 오는 우리 민족의 산신 신앙

사찰에 안치된 호랑이와 동자를 동반한 산신님

을 불교에서 수용하고, 산신을 인격화하여 이를 그림이나 조상(彫像)으로 묘사하여 사찰 안 산신각에 모신 데서 비롯되었다.

국토의 대부분이 산악으로 이루어진 우리 나라에서는 산악을 신성하게 생각하여 산에 믿음을 바쳐 왔다.

그래서 반전된 산악 신앙은 천지 및 천체 신앙과 함께 자연 신앙의 가장 중요한 부분을 이루어 오랜 옛날부터 북방 계열 사회에서 깊은 신앙으로 지켜 왔으며, 마을의 수호신으로서 큰 역할을 했다. 그래서 매년 민간에서 산신에게 지내는 산신제는 동제(洞祭)의 일환으로 지내고 마을의 연례 행사가 되어 왔다.

산신제를 지내는 의의는 마을의 풍년과 안녕을 기원하는 데 있다. 이러한 산신이 부처님의 제자가 되고 불법을 수호하는 신이 되어 사찰 안에 들어오게 된 데서 산신 신앙이 비롯된 것이다.

산신 기도를 올리려고 산신각을 찾는 여신도

> ◪ 산신 기도의 의의
> ① 가택(家宅)의 안녕 기원.
> ② 풍년과 풍작 기원.
> ③ 사업 번창과 모든 소원 성취.

> ◪ 산신기도 예절
>
> ① 모든 의식 절차와 예절은 신중기도와 같다.
> ② 다만 산신기도의 주력(呪力)은 산왕대신(山王大神)이다.
> ③ 급한 용무가 있거나 절에 잠깐 다녀갈 때는 삼배만 올리고 가도 좋다.
> ④ 산신께 올리는 적당한 시간은 15~16시이다. 이때만은 기도를 피한다.

나) 용신 신앙(龍神信仰)

용왕 신앙은 물을 중시하는 사상에서 비롯되었다고 한다. 물을 지배하는 신이 바로 용신(龍神)이며, 용신이 바로 수신(水神)이고, 그 수신을 숭상함으로써 안심입명(安心立命)을 할 수 있다고 옛사람들은 생각하였다.

그것은 인간이 물을 떠나서는 잠시도 살 수 없고, 물이 생명의 근원이라는 데서 비롯된 것으로 생각된다.

용왕에 대한 신앙은 아주 옛날부터 시작되었을 것으로 보지만 우리 나라에서 기록으로 확인할 수 있는 것은 신라 때부터라고 한다. 민간에서 성행하던 용왕신에 대한 신앙, 즉 '용신굿'은 특히 어촌 어민들 사이에 활발하게 전승되어 왔다. 늘 바다에

용왕님의 존상

나가서 생활하는 어민들로서는 안전한 항해와 풍어를 용신에게 빌고 바라는 것은 너무나 당연하고 자연스러운 일이었다.

그러나 어민뿐만 아니라 용왕신은 비와 바람과 물을 마음대로 관장하는 신이므로 농민들도 풍년을 위해 적당한 비를 내려 주고, 마셔야 할 맑은 우물물을 풍부하게 하며 기상의 재해가 없게 하려는 마음으로 용신님께 의지하고 제사를 지내 왔다.

지금도 남아 있는 허름한 용왕 제단이 이를 잘 말해 주고 있는 것이다.

그러나 정통 조계종 사찰에서는 용왕님을 별도로 모시는 경우가 없고, 다만 방생 법회를 할 때 용왕님을 챙기는 정도이다.

◈ 용신 기도의 의의

① 풍란과 해일 방지.　② 풍어.
③ 파선(破船)과 해난(海難) 방지.　④ 우물물의 풍요와 정결.
⑤ 적당한 강우.　⑥ 태풍 방지.
⑦ 무병 장수.　⑧ 과거 급제.

　용신당이 있는 극히 일부 사찰에서 용신 기도를 올릴 때 그 예법은 산신 기도에 준하면 된다.

다) 칠성 기도(七星祈禱)

　칠성신(七星神)에 대한 신앙은 오래 전부터 우리 민속에 크게 자리잡고 있었다.

　원래 칠성은 천체의 하나인 별을 말하는 것으로서 전설적으로는 남두칠성과 북두칠성이 있다. 별을 신앙의 대상으로 하는 것은 우리 나라에 한한 것이 아니고 세계 각처에 상당히 보편적이다. 그 가운데서도 특히 도교에서는 천체를 신앙하는 경우 많고, 특히 북두칠성을 신앙하는 경향이 크다. 이것이 우리 나라 천체 신앙에 크게 영향을 미친 것으로 생각된다.

칠성님을 모신 칠성각

158

이러한 천체 신앙이 불교 신앙과도 합쳐져서 사찰 속에 칠성각을 마련하고 칠성신을 모시게 된 것이다.

칠성각에는 북두칠성을 인격화해서 앞이마에 각기 별을 상징하는 둥근 광채를 나타내고 있는 일곱 사람의 점잖은 남자 그림으로 모시거나 일곱 분의 조상(彫像)으로 모신다.

칠성님의 조상(彫像)

민간에서는 칠성 기도의 의의를 다음과 같이 생각하고 있다.

◈ **칠성 기도의 의의**
① 비를 내리는 신으로서 물과 깊은 관계가 있다.
② 인간의 건강과 수명 연장을 관장한다.
③ 특히 어린 아기의 명을 길게 하고 건강을 지켜 준다.
④ 재물과 재능에 관한 것을 관장한다.
⑤ 산신(産神)과도 관계가 있으며 생남(生男)을 관장한다.

◈ **칠성 기도 예절**
① 모든 의식 절차와 예절은 신중 기도와 같다.
② 다만 칠성기도의 주력(呪力)은 칠원성군(七元星君)이다.
③ 급한 용무가 있거나 절에 잠깐 다녀갈 때는 삼배만 올리고 가도 좋다.
④ 칠성님께 올리는 적당한 시간은 사시 공양 다음이다. 이때 만은 기도를 피한다.

일곱 분의 점잖은 남자로 묘
사된 칠성신

라) 독성 신앙(獨聖信仰)

다른 사람의 가르침이나 수행 방법을 전혀 모방하지 않고 자
신의 독자적인 방법으로 깨달음을 이룬 분을 독각(獨覺)이라고
한다.

스승이나 참고가 될 아무런 수행의 지침 없이 오직 독자적인
방법으로 깨친다는 것은 너무나 힘들고 어려운 일이다.

그런데 나반존자(那般尊者)는 홀로 천태산(天台山)에 들어가
서 해가 뜨고 지는 것, 철따라 잎이 피고 지는 것, 봄에 피는 꽃,
가을에 뜨는 달 등 변화 무쌍한 우주의 운행을 보고 위없는 깨

흰머리와 긴 눈썹의 나반존자

달음을 이루었다.

연기의 이치나 육바라밀(六婆羅密)의 이치는 누구의 가르침이나 도움 없이 모두 홀로 깨친 것이다. 그래서 다른 나한(羅漢)님과는 달리 특별히 그분을 위해 별도로 전각을 지어 홀로 모시게 된 것이다. 절에 가면 삼성각(三聖閣)이나 독성각(獨聖閣)이라는 법당이 있는데, 그 법당에서 머리카락이 희고 눈섭이 긴 모양으로 하고 앉아 있는 분이 바로 나반존자(那般尊者)이다.

◎ 독성 기도(獨聖祈禱)의 의의
① 중생에게 복을 준다.
② 재앙을 제거한다.
③ 소원을 들어 준다.
④ 신통력을 구사하여 중생을 도와준다.

◎ 독성 기도 예절
① 모든 의식 절차와 예절은 신중 기도와 같다.
② 다만 독성 기도의 염불은 나반존자(那般尊者)이다.
③ 급한 용무가 있거나 절에 잠간 다녀갈때는 삼배만 올리고 가도 좋다.

독성님께 예경하는 사람들

이상 설명한 중단 기도 때 드리는 염불 가운데 신중단에서는 '화엄성중(華嚴聖衆)', 산신각에서는 '산왕대신(山王大神)', 독성각에서는 '나반존자(那般尊者)'라 한다고 했는데, 사실은 염불하기 전에 드리는 예불과 염불을 마친 뒤에 드리는 예불이 있다. 이를 신중단(神衆壇)인 경우를 예로 들어 보면 다음과 같다.

<시작>　　나무(南無) 금강회상(金剛會上)

<염불>　　화엄성중(華嚴聖衆) 화엄성중 화엄성중 화엄성중
　　　　　……(108번이 기본)

<끝날 때>　원제천룡팔부중(願諸天龍八部衆) 위아옹호불리
　　　　　신(爲我擁護不離身)
　　　　　어제난처무제난(於諸難處無諸難) 여시대원능성

취(如是大願能成就)
고아일심(故我一心) 귀명정례(歸命頂禮)

신중단에서는 위 밑줄 친 부분을 '화엄성중 화엄성중……' 하
고 염불하기 전과 뒤에 해야 한다.

신중단 뿐만 아니라 각 단마다 이러한 예불문이 있는데 이것
은 스님께 물어서 하는 것이 좋다.

법회 예절

법회는 불타를 공양하고 불법을 듣는 의식이다. 법회에 참석했을 때 어떻게 해야 하며 그때 지켜야 할 올바른 예절이 무엇인지 알아본다.

불교 의식은 예불 의식, 헌공 의식, 법회 의식, 천도 의식 등으로 구분할 수 있다. 이때 대중이 많이 모여 스님의 집전 아래 법사의 법문을 듣는 일반 법회나 수계 법회 등을 '법회'라고 하는데, 이는 좁은 의미의 법회이다.

넓은 의미의 법회는 불교의 모든 의식 절차를 말한다. 즉 정기 법회, 호법 발원 법회, 방생 법회, 지장 재일 법회, 관음 재일 법회, 영가 천도 법회처럼 모든 의식이 다 넓은 의미로서의 법회이다.

법회 참석자는 기본 예절을 잘 지켜야 한다.

이를 그림으로 나타내면 다음과 같다.

| 불교 의식 |

| 예불 의식 | …… 부처님에게 경배(敬拜)하는 의식.

| 헌공 의식 | …… 부처님에게 공양물이나 꽃을 올리는 의식.

| 법회 의식 | …… 불타를 공양하고 불법을 듣는 모든 의식.

| 천도 의식 | …… 망령이 천상이나 극락에 태어나도록 기원하는 의식.

1. 법회 참석 예절

법회는 정한 날짜에 법당에서 봉행하는 것이 원칙이나 대중의 수가 많은 경우 옥외에서 할 수도 있고 다른 큰 건물을 빌려서 할 수도 있다.

어느 장소에서 법회가 봉행되든 장소에 상관없이 법회에 참석하는 모든 사람은 다음과 같은 기본 예절은 꼭 지켜야 한다.

◎ 법회 참석자가 지킬 예절
① 단정한 복장을 착용한다.
② 진한 화장을 지우고 많은 패물을 패용하지 않는다.
③ 법회 시간에 늦지 않도록 적어도 30분 전에 도착한다.
④ 법회 시작 전에 미리 용변을 봐서 법회 진행 중 자리를 뜨지 않는다.

⑤ 미리 법회장에 들어가서 자리를 정한다(이때 앞에서 말한 법당 출입 예절을 지킨다).

⑥ 특정한 사람을 위해서 자리를 잡아 놓고 다른 사람이 앉지 못하게 하면 안 된다.

⑦ 서로 좌복을 먼저 차지하려고 다투면 안 되고, 서로 양보해야 한다.

⑧ 자리를 잡으면 부처님에게 삼배를 올린다.

⑨ 자리가 협소하거나 의자에 앉아 법회를 볼 때는 서서 세 번 반배를 올린다.

⑩ 만일 법회가 시작된 뒤에 입장했을 경우에는 간단하게 합장하고 반배만 올리고, 진행 중인 법회 의식을 함께 따른다.

⑪ 특히 법사의 법문이 진행 중일 때는 소리가 나지 않게 하고, 대중들의 주의가 자기에게 미치지 않게 늘 정숙하고 행동을 조심해야 한다.

⑫ 법회 도중에 음식을 먹거나 껌을 씹지 않는다.

⑬ 법회장에 들어갈 때 신발을 가지런히 벗어 놓는다.

⑭ 법회를 마치고 법당을 나올 때는 법사와 스님이 나가신 다음, 문 앞에 있는 법우부터 차례대로 조용히 나간다.

⑮ 가장 마지막에 법당을 나가는 사람은 촛불을 끄고 기물을 정리한 다음 나간다.

2. 법회 진행 순서

법사나 스님의 법문을 듣는 법회의 진행 순서는 법회를 주관하는 사찰이나 단체에 따라 조금씩 다를 수 있으나 일반적으로 다음과 같은 순서로 하는 것이 관례이다.

가.	법회염송	……	법회를 시작할 때나 끝난 직후 법사와 선후창으로 실시.
나.	집회가	……	모두 합창을 함.
다.	삼귀의	……	일반적으로 '삼귀의' 노래로 진행.
라.	찬불(讚佛)	……	'찬불가' 노래로 진행.
마.	예불 또는 반야심경 독경	……	예불과 반야심경 모두를 독송하는 경우도 있다.
바.	입정	……	사회자의 지시대로 따름.
사.	청법	……	'청법가' 노래로 진행.
아.	설법	……	법사나 스님의 법문.
자.	축원	……	스님이 집행하나 자기 집 축원은 자기가 해도 된다.
차.	공지사항 공고	……	법회에 따라서는 순서가 다를 수도 있음.
카.	불교도의 노래	……	모두 합창함.
타.	사홍서원	……	노래로서 진행.
파.	산회(散會)	……	'산회가'를 부르고 사회자의 인사말로 끝남.

 이상 열두 가지 순서는 어디까지나 일반적인 관례이며, 법회의 규모나 성격에 따라 바뀔 수도 있다.

법회장이 좁을 때는 회장 밖에서 법당을 향해 합장하고 법문을 듣는다.

가) 법회 염송

법회 때 문답식으로 염송하는 '법회 염송'은 법사의 주제로 선후창하지만 신도 대표가 대신 해도 좋다.

법사 : 위없이 깊고 미묘한 여래의 법

일동 : 백천만겁 지나도 만나기 어렵거늘

법사 : 내 이제 듣고, 보고, 지니게 되오니

일동 : 원컨대 여래의 진실한 뜻을 알게 하소서

법사 : 향 사르고 머리 숙여 법장을 열고자 하옵니다.

일동 : 옴 아라남 아라다(세 번 반복)

법사 : 깊고 깊은 사랑과 자애로운 그 모습 나투시어 일천 장

엄하신 눈으로 중생을 살피시고, 일천의 장엄하신 손으로 중생을 거두소서.

일동 : 불보살 대비주에 의지하옵니다. 팔만사천 간절한 말씀 속에 비밀한 뜻 보이시고 한없는 자비로서 온 세상 밝히소서.

법사 : 삼계의 스승이요 사생의 자부이신 부처님!

일동 : 백호의 금색광명 온 우주를 비추니, 이 마음 먹는 대로 모든 소원 이루게 하소서.

법사 : 대자대비 부처님!

일동 : 삼계의 윤회는 두레박질 같아서, 억만 겁이 지나도 끝이 없으니, 금생에 이 몸을 구하지 못하면 다시 어느 생을 기다려 제도하리오.

법사 : 원하옵나이다. 저희로 하여금 광명장이 되오며, 신통장이 되어서 생사 바다 건너 바라밀을 갖추어지리다.

일동 : 하늘 위나 하늘 아래 부처님이 제일이시니 시방 세계 그 어디도 견줄 이 없네.

법사 : 무량수 무량관이신 부처님께 거듭 귀명하옵니다.

일동 : 나무석가모니불 나무석가모니불 나무시아본사석가 모니불

나) 집회가

1. 우리는   성 – 전에   모 – 두 모 – 였네 –
   대자비   대광명이   충만하 – 신 곳 – –
   거룩하신 부처님의   진 – 리를 배워 – –
   무상보리 이루어서   생사 면 – 하고 – –
   가없은   중 – 생을   제 – 도 하 – 고저 –
   성스러운 불회상에   같이 모 – 였네 – –

2. 우리는   불 – 전에   모 – 두 모 – 였네 –
   대원력   대보살이   웃음짓 – 는 곳 – –
   장하옵신 보살님의   원 – 력을 따라 – –
   무상불도 이루어서   고해 면 – 하고 – –
   수많은   중 – 생을   인 – 도 하 – 고저 –
   존엄하신 불도량에   같이 모 – 였네 – –

다) 삼귀의

거룩한 부처 – 님께 귀의합니다
거룩한 가 – 르침에 귀의합니다
거룩한 스 – 님들께 귀의합니다

라) 찬불가

1. 둥글고 또한   밝은빛은 우주를싸고
   고르고 다시   넓은덕은 만물을길러
   억만겁 토록   변함없는 부처님전에
   한마음 함께   기울여서 찬양합시다
2. 저모든 하늘   가운데서 가장높―고
   이넓은 세상   만류중에 제일귀하사
   지혜와 복덕   구족하신 부처님전에
   한마음 함께   기울여서 찬양합시다

법회 중인 스님과 신도들

마) 예불

예불
禮佛

계향 정향 혜향 해탈향 해탈지견향 광명운대 주변법계 공양시방 무량불법승
戒香 定香 慧香 解脫香 解脫知見香 光名雲臺 周徧法界 供養十方 無量佛法僧

   (온법계에 자비광명 드리우신 시방삼세 삼보님께 공양 예배 드리오니 섭수하소서)

헌향진언 옴바아라 도비야 훔 (세 번)
獻香眞言 唵婆阿羅 都俾耶 吽

   (향을 올리는 진언)

지심귀명례 삼계대도사 사생자부 시아본사 석가모니불
至心歸命禮 三界大導師 四生慈父 是我本師 釋迦牟尼佛

   (삼계의 도사 사생의 자부이신 저희들의 큰스승 석가모니 부처님께 지극한 마
   음으로 귀명 예배하옵니다)

지심귀명례 시방삼세 제망찰해 상주일체 불타야중
至心歸命禮 十方三世 帝網刹海 常住一切 佛陀耶衆

   (시공을 넘어 온 우주 허공 법계에 두루 항상 주하시는 모든 부처님께 지극한
   마음으로 귀명 예배하옵니다)

지심귀명례 시방삼세 제망찰해 상주일체 달마야중
至心歸命禮 十方三世 帝網刹海 常住一切 達磨耶衆

   (시방과 삼계에 가득하오신 진리의 법성신에 지극한 마음으로 귀명 예배하옵니다)

지심귀명례 대지문수사리보살 대행보현보살 대비관세음보살
至心歸命禮 大智文殊舍利菩薩 大行普賢菩薩 大悲觀世音菩薩

       대원본존지장보살 제존보살 마하살
       大願本尊地藏菩薩 諸尊菩薩 摩訶薩

   (모든 중생 밝은 지혜로 일깨우시고, 넓은 큰 행 대자비로 구원하시며, 마지막
중생까지 버림 없으신 모든 보살님께 지극한 마음으로 귀명 예배하옵니다)

지심귀명례 영산당시 수불부촉 십대제자 십육성 오백성 독수성 내지
至心歸命禮 靈山當時 受拂附囑 十大弟子 十六聖 五百聖 獨修聖 乃至

천이백 제대 아라한무량자비성중
千二百 諸大 阿羅漢無量慈悲聖衆

　　(위 없는 부처님 법 위촉받으신 십대 상수제자와 오백 성현, 천 이백 아라한 등
　　한없는 자비성현 대중께 지극한 마음으로 귀면 예배하옵니다)

지심귀명례 서건동진 급아해동 역대전등 제대조사 천하조사 일체미진수
至心歸命禮 西乾東震 及我海東 歷代傳燈 諸大祖師 天下祖師 一切微塵數

　　　　제대선지식
　　　　諸大善知識

　　(인도로부터 동진을 지나 저희 나라 해동에 이르도록 부처님의 크신 법 전해
　　오신 역대 조사님과 모든 종사님, 미진처럼 수많은 선지식께 지극한 마음으로
　　귀명 예배하옵니다)

지심귀명례 시방삼세 제망찰해 상주일체 승가야중
至心歸命禮 十方三世 帝網刹海 常住一切 僧伽耶衆

　　(언제 어디서나 항상 계시어 저희들의 보전이 되어 주시는 모든 스님네 청정
　　대중께 지극한 마음으로 귀명 예배하옵니다)

유원무진삼보대자대비 수아정례 명훈가피력
唯願無盡三寶大慈大悲 受我頂禮 冥熏加被力
　　(원하옵나니 다함없는 지극한 마음으로 귀명 예배하옵니다)

원공법계 제중생 자타일시성불도
願共法界 諸衆生 自他一時成佛道
　　(걸림 없는 위덕으로 감싸주시사 모든 중생 함께 성불하여지이다)

마) 반야심경 독송

마하반야바라밀다심경
摩訶般若婆羅密多心經

(위대한 지혜의 진리를 자각하는 요긴한 가르침)

관자재보살 행심반야바라밀다 시 조견오온개공 도일체고액
觀自在菩薩 行深般若婆羅密多 時 照見五蘊皆空 度一切苦厄

  (자재롭게 진리를 보는 눈이 열린 보살은 그 깊은 예지에 의해서 육체와 정신
  모두가 공이라고 달관하여 일체의 고뇌 재액에서 벗어났다)

사리자 색불이공 공불이색 색즉시공 공즉시색 수상행식 역부여시
舍利子 色不異空 空不異色 色卽是空 空卽是色 受想行識 亦復如是

  (사라자여 육체는 공을 떠나서 없고 공 또한 육체를 떠나서 없다 육체는 그것
  그대로가 공이며 공 또한 그대로가 육체이다 감각도 상념도 의욕도 혹은 자
  아라고 하는 정신 조직도 또한 모두 그와 같다)

사리자 시제법공상 불생불멸 불구부정시고 공중무색 무수상행식
舍利子 是諸法空相 不生不滅 不垢不淨是故 空中無色 無受想行識

  (사라자여 모든 것이 공이므로 생하는 것도 없고 멸하는 것도 없다 더렵혀지
  는 것도 깨끗해지는 것도 없다 그러므로 공 가운데는 육체도 없고 감각도 상
  념도 의욕도 자아도 모두 없다)

무안이비설신의 무색성향미촉법 무안계 내지 무의식계 무무명 역무무명진
無眼耳鼻舌身意 無色聲香味觸法 無眼界 乃至 無意識界 無無明 亦無無明盡

  (눈도 없고 귀도 없고 코도 없고 혀도 없고 몸도 의식도 없다 색도 없고 소리
  도 없고 향도 없고 맛도 없고 촉감도 없고 나타나는 것도 없다 눈으로 보이
  는 세계도 없고 생각하는 세계도 없다)

내지 무노사 역무노사진 무고집멸도 무지역무득 이무소득고 보리살타
乃至 無老死 亦無老死盡 無苦集滅道 無智亦無得 以無所得故 菩提薩陀

176

의반야바라밀다고 심무가애 무가애고 무유공포 원리전도몽상 구경열반
依般若婆羅密多故 心無罣碍 無罣碍故 無有恐怖 遠離顚倒夢想 究竟涅槃

삼세제불 의반야바라밀다 고득아뇩다라삼먁삼보리 고지 반야바라밀다
三世諸佛 依般若婆羅密多 故得阿耨多羅三藐三菩提 故知 般若婆羅密多

> (맹목적 본능도 없고 맹목적 본능이 없어지는 것도 없다
> 또 노사의 고통도 없고 노사의 고통이 다함도 없다
> 고뇌도 없고 고뇌의 원인인 갈애도 없다
> 고뇌에서 구원함도 없고 그를 위한 수행도 없다
> 안다는 것도 없고 얻는다는 것도 없다
> 본래 얻을 수 있는 그 무엇도 없기 때문이다
> 보살은 이와 같은 완전한 영지에 의해서 심중에 아무런 거리낌이 없다
> 아무런 거리낌이 없으므로 공포도 없다
> 공포가 없으므로 모든 혼미 사견(邪見)인 상념에서 구원되어 영원히 청정한
> 경지를 얻는다
> 삼세의 모든 부처님도 이 위대한 영지에 의해서 그 존엄한 보편적 인격을 자
> 각하는 것이다)

시대신주 시대명주 시무상주 시무등등주 능제일체고 진실불허
是大神呪 是大明呪 是無上呪 是無等等呪 能除一切苦 眞實不虛

> (그러므로 이 위대한 영지가 가장 신비한 주문이고 가장 빛나는 주문이고 지
> 상 최고의 주문이고 타에 비교되지 않는 귀중한 주문이다 이 주문이 세상 모
> 든 고난을 배제하는 것은 정말로 진실이며 한 점 허망함도 없다)

고설 반야바라밀다주 즉설주왈
故說 般若婆羅密多呪 卽說呪曰

> (그러면 그 위대한 예지의 주문을 말하리)

아제 아제 바라아제 바라승아제 모지사바하
揭諦 揭諦 波羅揭諦 波羅僧揭諦 菩提娑婆阿

> (구원되었다 구원되었다.
> 완전히 구원되었다
> 모두가 완전히 구원되었다
> 여기가 바로 정토였다)

- 山田無文(禪文化研究所 般若心經)에서 -

바) 청법가

덕 높−으신 스−승님　사자−좌에 오르사−
사자−후를 합−소서　감로−법을 주−소서
옛 인연을　이어서　새 인연을 맺−도록
대자−비를 베−푸사　법을−설하 읍−소서

법회 의식 중 하나인 바라춤

자) 축원

발원문

영원한 생명이요, 끝없는 광명이시며, 중생의 모든 소망 다함 없이 거두어 주시는 대자대비하신 부처님이시여!

오늘 이곳에 모인 저희들은 가슴을 열고 지성으로 합장하여 발원하옵니다.

거룩하신 부처님!

어둠 속에 방황할 때 부처님의 눈빛을 보게 하시고 시련에 헤매일 때 따스한 손길을 잡게 하시며, 미워하고 원망할 때 미소 보게 하시며, 절망과 좌절에 허덕일 때 부처님의 고행을 보이시어 용기를 배우게 하소서.

이제 부처님의 가르침을 만나 진리의 참뜻을 믿고 닦아 바르게 살아가고자 발원하옵나이다.

만 중생을 자비의 손길로 어루만져 주시는 거룩하신 부처님이시여! 희망에 가득 찬 밝은 빛을 찾아 부처님의 따뜻한 자비의 품안으로 돌아가나이다.

원하옵나니 세계와 국가가 평화롭고 사회와 가정이 화목하며, 중생의 지혜와 복덕은 갖추어져서 다시는 윤회의 업보를 받지 않게 하옵소서.

온 가족이 건강하고 마음이 밝아 하고자 하는 일이 원만히 성취되게 하옵소서.

자비하신 부처님.

신, 구, 의 삼업으로 부질없이 지은 죄를 모두 참회하옵나니, 탐욕과 성냄과 어리석음으로 다시 또 업을 짓게 하지 마시옵고, 지혜와 용기를 충만케 하시어 부처님의 따뜻한 자비의 품안에서 영겁토록 떠나지 않게 지켜 주옵소서.

감응하시옵소서.

오늘 저희들이 원하는 모든 일이 부처님의 가피를 입어 뜻대로 되게 하소서.

바라옵건대, 이 공덕으로 멀리 있거나 가까이 있거나 모든 생명, 모든 사람들에게 행복과 평화와 보은이 있게 하여 주시옵소서.

거룩하신 부처님께 발원하옵니다.

나무 석가모니불 나무 석가모니불 나무 석가모니불
나무 시아본사 석가모니불

차) 불교도의 노래

1. 삼계의	고해에	길을 밝히고
	사생의	세계에	새빛을 더할
	용맹이여	오라 –	뜨는 해처럼
	겨레와	중생을	두루 비치라
2. 인연의	쓰고도	아리는 사슬
	윤회의	고달픈	머나먼 길을
	풀 – 어서	진여의	꽃 동산이라
	향기여	천지에	넘쳐 나가라
3. 연꽃아	피어서	부처님 아래
	사자야	모여서	불법 지켜라
	무 – 량한	우리들	힘을 다하여
	영겁을	빛내고	또 빛내리라

카) 사홍서원

중생을 다 건지오리다
번뇌를 다 끊으오리다
법문을 다 배우오리다
불도를 다 이루오리다

파) 산회가

몸은 비-록　이자리에서　헤어-지지만
마음-은　　언제라도　　떠나-지 마세
거룩하신　　부처님을　　항상 모시고
오늘 배-운　높은 법문　　깊이-새겨서
다음날-　　반가웁게　　한맘 한뜻으로
부처님의　　성전-에　　다시 만나세

3. 불교 명절과 법회

　부처님께 기도를 드리거나 법사를 모시고 법회를 여는 것은 일정한 시간이 없고 언제 해도 좋지만, 사찰에는 일년 중 정해진 불교 명절과 법회날이 고정되어 있다.

　특히 불교의 5대 명절이라고 일컫는 불탄절, 출가절, 성도절, 열반재일 등에는 모든 대중들이 모여 성대한 법회를 여는데, 이를 열거하면 다음과 같다.

가) 부처님 오신 날(음력 4월 8일)

이 날은 모든 불교신도들의 최대 경축일로서 인연 있는 사찰을 찾아 어두운 마음에 등을 밝히고 중생을 위해 사바 세계에 오신 부처님의 거룩한 뜻을 기려야 한다.

나) 출가재일(음력 2월 8일)

출가의 참뜻을 되새기며 이 날이 있음으로써 훗날 무상정각을 얻을 수 있는 계기가 되었음을 깊이 생각하며, 동시에 자기 자신이 아직 탐, 진, 치 삼독에서 벗어나지 못한 것을 반성하여야 한다.

어린이 법회는 불교 발전을 위해 커다란 의의가 있다.

다) 성도재일(음력 12월 8일)

우리와 같은 한낱 범부였던 싯달다 태자가 진리의 참 모습을 지혜로 관찰하고 대도를 성취하여 부처님으로 다시 태어나는 날이다. 그러므로 이 날은 모든 대중들이 한결같은 마음으로 부처님을 생각하고 대도를 이루기 위해 밤을 새워 용맹 정진하기도 한다.

라) 열반재일(음 2월 15일)

부처님께서 사바 세계의 인연이 다하심을 아시고 열반에 드신 날로서 생사를 초월하여 불생 불멸의 자리를 보이셨으니 영원한 실상을 나타내셨다.

이 날을 기하여 불자들은 열반의 참뜻을 알고 인생의 회향에 대해서 깊이 생각해 보고 바른 삶을 다짐해야 한다.

오늘 저희들이 원하는 모든 일이 부처님의 가피를 입어 뜻대로 되게 하소서.

마) 우람분재일(백중재일, 음 7월 15일)

이 날은 불교의 어버이 날이라고 할 수 있다.

이 날은 삼보에 공양을 올리며 그 공덕으로 돌아가신 부모와 선조들의 명복을 빌고, 또한 생존하시는 부모님과 그 밖의 모든 어른들을 공경하고 공덕을 기리는 날이다.

바) 그 밖의 사찰 행사와 법회

행사명	날짜(음력)	비고
입춘기도	매년 입춘	연초에 새해의 원력을 세우고 불보살의 가피력을 기원한다. 보통 3~7일간 실시.
동지기도	매년 동지	새해의 안녕과 가족의 건강을 기원한다.
방생법회	수 시	만물의 생명을 중시하고, 평소 살생에 대한 참회, 공양의 표시(보통 음력 15일에 실행하지만 지금은 일정한 때 없이 한다).
수계법회	수 시	부처가 제정한 계법을 받는 의식.
관음제일	매월 24일	관음 기도와 법회 실시.
지장제일	매월 18일	지장 기도와 법회 실시.
초 하 루	매월 1 일	예불과 법회 실시.
보 름	매월 15일	예불과 법회 실시.
예 수 제	윤달에 적일	죽은 뒤 정토왕생을 위해 생전부터 미리 선근을 닦는 것.
천 도 제	필요할 때	망혼을 천도하기 위한 49제.

새벽 법회에 참석한 대중들

제 9 장

기타 예절

스님에 대한 예절, 경전에 대한 예절 등 사찰에서 우리가 지켜야 할 기타 여러 가지 예절에 대한 올바른 이해와 방법을 알아본다.

앞에서 설명한 여러 가지 예절과 계율 외에 불교 신도로서 꼭 지켜야 할 여러 가지 예절에 대해서 알아본다.

1. 스님에 대한 예절

절에는 부처님과 불탑과 여러 가지 전각 이외에 항상 자비로운 스님들이 계신다.

수련 중인 행자

스님은 불교의 가르침을 배우고 실천하며 중생 제도를 위해 포교하는 출가 수행자들의 모임이다.

그분들을 우리는 '스님' 또는 '중'이라고 하는데, '스님'이란 '스승님'의 준말이고 '중'이란 인도어로 '승가(僧伽, Samagaha)'라고 한 것이 한문으로 번역할 때 변해서 '중'이 되었다고 한다.

우리 나라에서는 승려가 되려고 처음 출가하면, 그 사

람이 능히 승려 생활을 할 수 있겠는지 점검하고 그 의지를 시험하는 기간인 행자(行者)를 거쳐야 한다.

행자는 상당히 고된 수련을 쌓은 다음 사미계를 받아 사미(사미니)가 되고, 사미가 20세 되면 구족계를 받아 비구(비구니)가 되는 것이다.

승려들은 세속의 직업을 멀리하고 경제 행위가 금지되어 있으며 여러 가지 많은 계율을 철저히 지킨다. 삼의일발(三衣一鉢)의 검소한 생활을 하며 오로지 수행에 전념하고 있다. 우리가 절에 가서 스님들의 생활을 볼 때 혹시 스님들이 조용하고 한가롭게 보여도 사실은 모든 스님들이 우리가 모르는 여러 가지 소임을 수행하고 있는 중이며, 바쁘고

모든 스님들은 나름대로 바쁜 소임이 있다.

고된 수행 생활을 열심히 실천하고 있는 중이라는 것을 알아야 한다. 그러므로 내가 한가하고 심심해서, 내 호기심 때문에 쓸데없이 스님에게 말을 걸고 시간을 많이 뺏으면 안 된다.

스님에게 가르침을 받거나 스님과 상담을 할 때 요령 있게 요점만을 이야기해서 빠른 시간 안에 끝내도록 해야 한다.

스님을 만나면 우선 합장하고 반배를 드린다.

오랫동안 스님을 잡아 두고 쓸데없이 세속의 수다를 늘어놓
으면 안 된다. 그리고 스님과 친해졌다고 스님 앞에서 남의 흉
을 보거나 다른 절의 흉을 봐도 안 된다. 그래서 스님을 대하고,
스님의 지도를 받는데 대한 예절을 잘 지켜야 한다.

스님과 나누는 대화는 요점을 간추려서 하고 수다를 떨지 않는다.

◉ 스님을 대하는 예절

① 큰스님의 이름을 부르지 못한다.

② 돌아다니면서 스님의 허물을 말하지 못한다.

③ 스님 방에 들어가려 할 때 먼저 허락을 받아야 한다.

④ 스님 대하기를 부처님 대하듯 해야 한다.

⑤ 스님 말씀이 끝나기 전에 말하지 않는다.

⑥ 스님 앞에서 껌을 씹거나 담배를 피우면 안 된다.

⑦ 스님과 나눈 약속은 꼭 지켜야 한다.

⑧ 스님에게 나이나 과거(세속의 인연) 등을 물으면 안 된다.

⑨ 스님을 모실 때 마주서거나 높은 데 서지 말며, 너무 멀리
   서지도 말고 스님의 적은 말씀도 잘 듣도록 해야 한다.

⑩ 스님을 만날 때는 사전에 허락을 받아서 스님 수행에 방해
   가 되지 않게 한다.

⑪ 스님을 속이거나 스님에게 거짓말을 하면 안 된다.

⑫ 자기의 이익을 위해 스님에게 청탁을 하면 안 된다.

⑬ 스님의 말씀을 주의 깊게 듣고 교훈으로 삼가야 한다.

도보 수도를 하는 운수승

2. 경전(經典)에 대한 예절

경전은 부처님의 말씀이 담긴 귀중한 책이므로 불교도에게는 책 이상의 큰 뜻이 있다.

불, 법, 승을 삼보로 받드는 불교인에게 경전은 바로 삼보(三寶)의 하나인 법보(法寶)인 것이다. 그러므로 경전을 대할 때는 부처님을 대하듯 정중한 예절을 갖추어야 한다.

◎ 경전에 대한 예절

① 경전은 부처님과 같으므로 땅바닥에 놓거나 타넘지 말 것.
② 깔고 앉지 말 것.
③ 잠잘 때 베개로 삼지 말 것.
④ 손을 깨끗이 씻고 펴볼 것.
⑤ 식사 중에 보지 말 것.
⑥ 손가락에 침을 묻혀서 책장을 넘기지 말 것.
⑦ 일반 책과 함께 꽂지 말 것.
⑧ 책꽂이에 다른 책과 꽂을 때는 맨 윗칸에 꽂을 것.
⑨ 책장을 접지 말 것.
⑩ 잡다한 것을 책갈피 속에 넣지 말 것.
⑪ 밑줄을 치거나 낙서하지 말 것.
⑫ 먼지가 많거나 습기가 찬 곳에 두지 말 것.
⑬ 눈에 가장 잘 띄는 곳에 둘 것.

경전의 말씀은 곧 불법이다.

3. 식사(供養) 예절

절에서는 식사를 공양(供養)이라고 한다.

집에서 준비해 간 도시락이나 기타 다른 음식을 경내 아무데
서나 먹으면 안 된다. 절에서 허가하는 곳이나 법당과 멀리 떨
어진 계곡, 혹은 나무 밑에서 조용히 먹고 그 자리를 깨끗이 청
소해야 한다.

절에서는 공양 시간에 공양을 원하는 사람이라면 누구에게도
공평하게 공양을 마련해 주는데, 절에서 마련한 음식을 먹을 때
는 공양 시간에 늦지 않도록 해야 하며 다음과 같은 규칙과 예
절을 잘 지켜야 한다.

음식을 받고는 오관계를 생각한다.

◘ 공양(식사) 예절

① '밥북 소리'나 '밥목탁 소리'를 듣거든 즉시 공양간(식당)으로 간다.

② 밥을 받고는 합장 반배하고 다섯 가지를 살펴본다.

가) 이 음식에 공덕이 얼마나 들었으며 어찌하여 여기까지 왔나.

나) 내 도덕과 행실이 이 음식을 받을 만한가.

다) 늘 조심하는 마음으로 어리석음과 허물을 벗는다.

라) 이 음식은 오직 여윈 몸 나누는 데 더없는 약이다.

마) 오직 성스러운 불도를 이루고자 이 음식을 먹는다.

③ 음식을 좋다 궂다 탓하지 말라.

④ 음식으로서 가까운 사람에게 손을 쓰지 말라.

⑤ 음식을 떼어서 개를 주면 안 된다.

⑥ 음식을 입에 물고 말하면 안 된다.

⑦ 웃고 이야기하면 안 된다.

194

⑧ 음식 먹는 소리를 내면 안 된다.

⑨ 이쑤시개를 쓰려거든 소매로 입을 가린다.

⑩ 음식에 버러지가 있거든 아무도 모르게 치워 버리고 옆사람이 보고 의심하게 하지 말라.

⑪ 앉은 자리에서 음식을 다 먹어야 하고 자리를 옮기면 안 된다.

⑫ 너무 빨리 먹거나 너무 느리게 먹지 않는다.

⑬ 음식을 보고 탐내지 말고 먹을 만큼 덜어서 먹으며, 가져온 음식을 남기면 안 된다.

⑭ 대중을 떠나 혼자 먹으면 안 된다.

⑮ 자기가 먹은 그릇은 자기가 깨끗이 치운다.

물을 마시고 물 그릇을 잘 정돈한다.

4. 뒷간에서 지킬 예절

절 집에서 뒷간을 해우소(解憂所)라고도 한다.

고찰의 해우소는 법당이나 요사채에서 먼 거리에 마련되어 있으므로, 용변의 뜻이 생기면 미리미리 찾아가야 한다.

너무 촉박하게 가면 여러 가지로 어려움을 당하게 되니, 다음 사항을 꼭 지키며 여유를 두고 가야 한다.

◎ 뒷간에서 지킬 예절

① 대소변이 마려우면 급하기 전에 미리 다녀온다.

② 횃대에 웃옷이나 소지품을 걸 때는 떨어지지 않게 잘 건다.

③ 변소에 가거든 손가락으로 세 번 노크해서 안에 있는 사람
   이 알게 한다.

④ 막대기로 바닥이나 벽에 낙서를 하면 안 된다.

⑤ 벽이나 바닥에 침을 뱉으면 안 된다.

⑥ 변소 안에서 사람을 만날 때 인사를 하면 안 된다.

⑦ 변소에서 나오면서 허리끈을 매면 안 된다.

⑧ 용변 뒤에는 손을 씻어야 하고, 손을 씻기 전에는 물건을
   만지지 못한다.

⑨ 손을 씻을 때는 가만히 이렇게 외운다.
   '물을 손에 불 적에 중생들과 다같이 깨끗한 손 얻어서 불
   법을 받자 오리. 옴 주가라야 사바하'

⑩ 염주나 불경을 가져가지 않고 변소에서 참선하지 않는다.

⑪ 수행한다며 오래 있지 않는다.

사찰의 뒷간은 법당과 멀리 떨어진 곳에 있다.

5. 절에서 잠자는 예절

불공을 드리거나 기도를 드리러 절에 가서 잠을 자야 하는 경우에는 속가에서 하던 모든 습성을 버리고 반드시 사찰의 예절에 따라 잠을 자야 한다.

엄격한 규칙 생활을 하는 스님들의 안민을 방해하거나 잠자는 시간을 빼앗으면 절대 안 된다.

그래서 다음 사항을 잘 지켜야 한다.

◈ 절에서 잠자는 예절
① 소등 시간 이후에는 불을 켜지 못한다.
② 오른쪽으로 눕는 것이 바른 취침법이다.
   엎어져 자거나 왼쪽으로 누우면 안 된다.
③ 스님과 함께 한 방, 한 자리에서 자지 못 한다.
   부득이하게 한 방에 자더라도 한 자리에서 자지는 못한다.
④ 같이 있는 사미와도 한 자리에서 자지 않는다.
⑤ 신발, 양발, 속옷을 걸 적에 머리 위에 걸지 않는다.
⑥ 속옷을 벗고 눕지 못한다.
⑦ 자리에 누워서 웃거나 지껄이면 안 된다.
⑧ 부처님 앞과 법당 앞으로 요강을 가지고 다니지 못한다.
⑨ 상경(밤 9시)이 되면 무조건 자야 한다.
⑩ 일찍 일어나서 예불 시간(새벽 3시)에 참석한다.
⑪ 부부라 하더라도 남자와 여자는 따로 잔다.
⑫ 사용한 침구는 스스로 정돈하고 방 청소도 직접 한다.
⑬ 낮잠을 자지 않는다.

절에서 잠잘 때는 부부라도 남녀는 다른 방에서 자야 한다.

6. 복장과 화장 예절

용모와 복장은 그 사람의 인격과 심성을 상징한다.

그러므로 법회에 참석하거나 부처님에게 기도하러 절에 갈 때는 모든 것을 떨쳐버리고 순일하고 담백한 마음으로 절을 찾는다는 의미에서, 속세에서 하던 것처럼 진한 화장에 요란한 옷을 입지 말고 절 집에 맞는 복색과 용모를 갖추는 것이 바람직하다.

활동하기 편하고 깨끗한 옷을 입는 것이 좋으며, 너무 자극적이 아닌 편안한 옷을 입고 절을 찾는 것이 좋다.

많은 패물을 패용하고 높은 굽의 신발을 신고 절에 가는 것은 바람직하지 못하다.

단정한 옷차림으로 참배하는 한 가족

◈ 복장과 화장 예절
① 원색 옷은 피하고 단색 옷을 입는 것이 바람직하다.
② 너무 짧은 옷이나 속이 비치는 얇은 옷은 피한다.
③ 가슴이 너무 파인 옷은 피한다.
④ 몸매가 너무 드러나는 옷은 피한다.
⑤ 요란한 목걸이, 귀걸이 등 너무 요란한 패물은 피한다.
⑥ 가능한 한 화장은 하지 않으며, 옅은 화장 정도만 한다.
⑦ 냄새나는 화장품이나 향수를 사용하지 않는다.
⑧ 모피나 가죽옷을 입지 않는다.
⑨ 큰 백이나 보퉁이 등 많은 소지품을 가져가지 말고 최소한의 소지품으로 줄인다.
⑩ 주머니 속에 물건을 많이 집어 넣어 불룩하게 나오지 않게 한다.
⑪ 등산복이나 등산화를 신고 절에 가면 안 된다.
⑫ 여름철에 햇빛을 가리기 위한 밀짚모자는 접어진 것, 틀어진 것, 때가 많이 탄 것을 쓰지 말아야 한다.

깨끗하고 단아한 옷차림은 인격을 돋보이게 한다.

깨끗하고 단아한 옷차림의 **95**세 비구니 스님(옥천사)

7. 자동차 예절

　자동차 문화가 정착된 오늘날 절에 갈 때도 으레 차를 타고 가는 사람이 많다. 그래서 어느 절이고 차가 갈 수 있는 길이 법당 앞마당까지 잘 닦여 있다.

　자동차의 소음과 자동차가 내뿜는 매연의 공해는 이제 문제가 되어 있는데, 정신적 물질적 보루인 사찰 경내까지 차가 밀어닥치는 것은 절대로 막아야 한다. 그래서 차는 일주문 앞에 마련한 지정 주차장에 주차하고 경내는 걸어서 가야 한다.

　노약자가 탄 차나 기타 특별한 목적으로 부득이 경내에 차가 진입할 때는 절대 서행하여 보행자에게 방해를 주지 않도록 하고, 시끄러운 소리를 내어 숲속에 사는 새들과 짐승들을 놀라게 하면 안 된다.

차는 일주문 밖 지정 주차장에 주차하고 경내는 걷는 것이 좋다.

일주문부터는 천천히 걸어서 법당까지 간다.

그래서 다음과 같은 승차 예절을 꼭 지켜야 한다.

◎ 자동차 예절

① 일주문 밖에 있는 지정 주차장에 주차한다.

② 경내에서는 경음기 소리나 시끄러운 엔진 소리를 내지 않는다.

③ 차에는 염주나 불교 액세서리를 해서 불자의 차임을 알게 한다.

④ 빈 차일 때는 함께 탄다.

⑤ 차를 타면 '성불합시다'라고 인사한다.

⑥ 남의 차를 혼자 얻어 탈 때는 운전자 옆자리에 타는 것이 예절이다.

⑦ 여러 사람이 탈 때는 운전자와 친한 사람이 앞자리에 탄다.

⑧ 노인과 어린이는 뒷자리에 타게 한다.

⑨ 스님을 모시고 갈 때는 조수석 뒷자리에 모시고 승차할 때 문을 열어 드리고 운전자가 타야 한다.

⑩ 웃옷을 벗고 운전하면 안 된다. 차만 탔을 뿐 외출하여 여러 사람과 길을 걸어가는 것과 같기 때문이다.

⑪ 산길에서는 절대로 과속하지 말고 양보 운전을 해야 한다.

8. 전화 예절

전화는 상대방이 지금 무엇을 하고 있는지 알 수 없으므로 때로는 커다란 폭력이 될 수도 있다. 그러므로 전화를 걸 때는 꼭 상대방의 처지를 생각해서 실례가 되지 않게 해야 하고 상대방의 양해를 얻어야 하며 너무 오래 걸으면 안 된다.

뿐만 아니라 전화로 주고받는 말은 아주 작은 일이라도 잘못하면 쉽게 오해를 낳게 되고 감정적인 말이 오가게 되기 쉬우므로 세심한 주의를 해야 한다.

그래서 최소한 다음과 같은 예절은 꼭 지켜야 한다.

◈ 전화 예절

① 우선 자신을 똑똑히 밝힌다.
② 다음에 '○○ 스님 계십니까?'라고 한다.
③ 만약 찾는 스님이나 찾는 사람이 없으면 '다시 걸겠습니다' 하고 어디의 누구에게서 전화가 왔다고 전해 달라는 부탁을 정중히 하고 끊어야 한다.
④ 용건만 간추려 짧게 한다.
⑤ 수화기를 들고 너무 오랫동안 대화를 하면 안 된다.
⑥ 용건이 긴 전화를 걸 때는 미리 메모해서 요령 있게 한다.
⑦ 다음 시간에는 전화를 걸면 안 된다.
　　가) 예불 시간
　　나) 공양 시간
　　다) 저녁 9시 이후
　　라) 한밤중(스님이 주무실 때)
⑧ 통화가 다 끝나면 '성불하십시오'라고 인사한다.

---

9. 신발과 보행 예절

그릇이 조용하면 그릇에 담긴 물은 잔잔하지만, 그릇이 흔들리면 그릇에 담긴 물은 흔들리기 마련이다. 몸은 마음을 담은 그릇이니 몸이 흔들리면 마음 또한 흔들리기 마련이다.

그런데 그 몸을 담은 것이 바로 신발이니 신발과 보행은 도를 닦는 수행자가 가장 신경 써야 하는 초보적인 수행 방법이다.

신발이 단정하지 못하면 그 사람들의 마음도 단정하지 못하게 보인다.

◉ 신발과 보행 예절
① 슬리퍼를 신지 말 것.
② 맨발로 다니지 말고 양말을 꼭 신을 것.
③ 신발을 꺾어 신지 말 것.
④ 남의 신발을 밟거나 신지 말 것.
⑤ 신발을 가지런히 벗어 놓을 것.
⑥ 경내에서는 뛰거나 빨리 걷지 말 것.
⑦ 신발을 끌며 걷지 말 것.
⑧ 굽이 너무 높은 신발을 신지 말 것.

잘 정돈된 스님들의 신발

10. 경내 계곡에서의 예절

사찰의 경내는 아름다운 숲과 맑은 물이 흐르는 아름다운 자연이 잘 보존되어 있으므로 여름철이면 많은 사람들이 찾아와서 더위를 식히고 휴가를 즐긴다.

그러나 자연은 많은 사람들 때문에 몸살을 앓고 있으니, 지금까지 잘 보호된 자연이 파괴되지 않도록 각별히 주의해야 한다. 특히 사찰 경내의 계곡과 산은 바로 그곳이 부처님의 앞뜰이니 부처님의 마음을 불편하게 만들지 않도록 주의해야 한다.

◈ 계곡과 산속에서의 예절
① 고성 방가를 하지 말 것.
② 음주하여 만취하지 말 것.
③ 식물이나 돌을 채취하지 말 것.
④ 고성능 스피커를 틀고 춤을 추지 말 것.
⑤ 옷을 벗고 멱을 감거나 수영하지 말 것.
⑥ 고기잡이를 하지 말 것.
⑦ 세차나 빨래를 하지 말 것.
⑧ 남의 눈에 띄지 않는다고 음란한 행위를 하지 말 것.
⑨ 음식 찌꺼기나 쓰레기는 버리거나 땅에 묻지 말고 반드시 지정된 장소에 버릴 것.
⑩ 취사하지 말 것.
⑪ 담뱃불을 함부로 버려서 화재가 나지 않도록 할 것.
⑫ 나무 위나 높은 바위 등 위험한 곳에 올라가지 말 것.

항상 깨끗하게 보존되어야 할 경내의 계곡

11. 공양 예절

부처님과 절과 스님에게 올리는 정신적 물질적인 모든 것을 공양(供養)이라고 한다. '공양'이라는 말에는 두 가지 뜻이 있는데, 하나는 앞에서 말한 대로 '식사를 한다'는 뜻이고, 둘째는 '부처님에게 바친다'는 뜻이다.

공양이란 '공급(供給)하여 자양(資養)'한다는 의미이다.

부처님께서는 공양을 받는 분이나 공양을 올리는 사람이나 공양으로 바쳐지는 물건이나 모두가 다 청정해서 그 세 가지가 서로 다름이 없다고 하였다.

그러므로 공양은 매우 중요하고 복을 심는 씨앗이 되는 것이다. 많이 심어야 많이 거둘 수 있다.

공양을 잘 살펴보면, 공양에는 물질적인 공양과 정신적인 공양이 있으며 대체로 다음 세 가지로 구분할 수 있다.

공양의 종류

경공양 (敬供養)	사원 건립, 불상 건립, 탑 건립, 종 건립 등을 통하여 공양하는 것.
행공양 (行供養)	부처님을 참배하거나 사찰에 이르는 길을 닦거나 부처님의 말씀을 전하는 등의 행위를 통해서 공양하는 것.
이공양 (利供養)	음식이나 과실, 꽃, 향, 초 혹은 불전(佛錢) 등을 바침으로써 공양하는 것.

경공양으로 복원되는 사찰

정성껏 올리는 공양물은 복전을 짓는다.

그리고 이러한 모든 공양은 자기 스스로의 뜻에서 이루어지는 것이지 누구의 강요나 권유에 따라 강제로 이루어지는 것이 아니다. 공양을 바치거나 바치지 않거나 그것은 모두 자기의 마음에 딸린 것이다. 불교의 근본 정신에 따라 공양도 자주적이고 자발적인 정신에 따라 기쁜 마음으로 이루어지는 것이다. 가장 신성한 불전이 강제성이나 억

불교와 종단의 발전을 위해 반드시 불전을 놓도록 한다.

압적 의미를 띤다면 헌금의 의미가 전혀 없는 것은 물론이고 공양하는 사람의 마음을 불편하게 해서 공양의 본뜻과 거리가 멀어지는 것이다.

교단과 불교 발전을 위해 쓰일 귀중한 성금은 어디까지나 공양을 하는 사람의 순수하고 자발적인 성심으로만 이루어져야 하고, 그렇게 되어야만 큰 공덕이 따르게 된다. 그러므로 시주자는 불교 발전을 위해 기쁜 마음으로 공양을 해야 한다.

◈ 공양 예절

① 사찰을 참배할 때 공양을 반드시 올린다.
② 청정하고 깨끗한 마음으로 오직 심성이 맑아질 것을 생각해야 한다.
③ 자기가 올린 공양에 대해서 자랑하거나 교만하지 않는다.
④ 공양은 올바른 일을 위해 쓰는 곳에 올려야 한다.
⑤ 부정한 방법으로 얻은 물건을 공양물로 쓰면 안 된다.
⑥ 자기의 분수에 맞게 공양한다.
⑦ 부처님에게 올리는 공양물은 향, 초, 꽃, 과일, 백미, 성금 등이 보통이다.
⑧ 공양을 올리고 불공을 드리는 시간은 가급적 10~12시 사이가 좋다(옛날 석가모니 부처님은 하루에 한 끼만 잡수셨는데 그 시간이 바로 오전 9시~11시 사이이기 때문이다).
⑨ 기와불사 등에도 참여한다.
⑩ 종단의 발전과 불교 발전을 위해 정신적이고 물질적인 협조를 한다.

결국 한 줌 흙으로 돌아가는 인생의 실상을 알자.

이 세상 모든 이에게 자비를 주시네.

차수를 하고 경내를 걷는 불자

사찰로 향하는 길을 걷는 일은 사찰을 참배하여 얻어지는 또 다른 축복
이고 혜택이다.

끓어앉을 때는 허리를 곧게 펴서 몸의 평형을 유지하고 몸이 좌우로 흔
들리지 않도록 해야 한다.

사천왕문에서는 사천왕에게 일배만 올리면 된다.

화려한 옷차림을 피하고 단순하게 입는다.

탑을 향해서는 삼배를 올린다.

가운데 계단으로 다니면 안 되고 양쪽 가의 계단으로 다닌다. 계단이 하나뿐일 때는
한쪽으로 다녀야 한다.

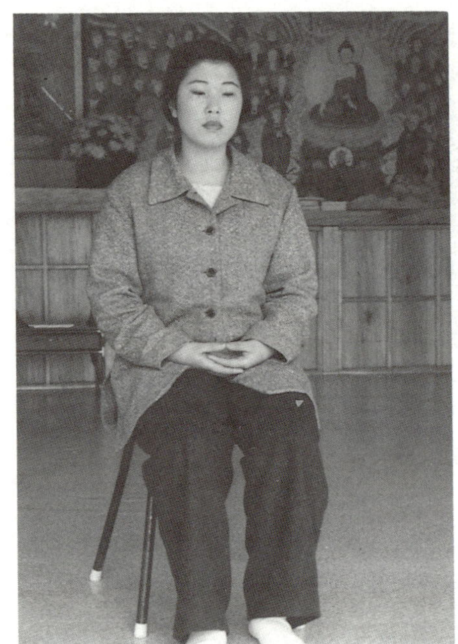

의자에 올바르게 앉은 모습

장궤의 올바른 모습

모르는 스님을 만나더라도 합장 반배를 한다.

부도를 만나면 합장 반배를 한다.

사찰 근처에는 계곡이 많다. 맑은 물과 푸른 산을 보존하는 길은 사찰을 보존하는 길
일 뿐만 아니라 만물을 사랑하는 불심이기도 하다.

참 고 문 헌

《예불하는 마음에 자비를》 전원문화사, 권영한 저
《알기 쉬운 불교 교리》 근본불교신문사, 김익현 편집
《불교계율해설》 불교통신대학, 한정섭 선술
《불교기초상식》 한영출판사, 이준제 저
《사미니율의》 보령각, 전명성 편
《사미율의》 도서출판 토방, 석일타 편저
《알기 쉬운 불교》 BBS불교방송국, 박형수 저
《교양불교》 불광출판부, 우정상 저
《불자귀》 서봉사, 고간익 저
《불문상식》 적선사
《불자 예절과 의식》 불광출판부, 김길원 편저
《법요집》 국방부, 군종과
《불교입문》 김영사, 신법인 역
《불교의 이해》 대원정사, 정승석 저
《불교의 첫걸음》 천태종, 총무원
《불교학대사전》 홍법원, 전관응 감수
《불교학대사전》 명문당

깨달음을 향한 불교예절

1판 9쇄 • 2013. 3. 15.

지은이 • 권영한
펴낸이 • 김철영
펴낸곳 • 전원문화사
　　　　✉ 157-033 서울시 강서구 등촌3동 684-1
　　　　에이스 테크노타워 203호
　　　　☎ 6735-2100 / Fax 6735-2103
등록 • 1977. 5. 23. 제6-23호

Copyright © 1996, by Jeon-won Publishing Co.
이 책의 내용은 저작권법에 따라 보호받고 있습니다.

정가 • 9,000원

잘못 만들어진 책은 바꾸어 드립니다.
ISBN • 978- 89-333-0712-5　　03220